Muriel Mazet

La femme et ses métamorphoses

De la femme gelée à la femme éveillée

Desclée de Brouwer

2, Passage de la Boule-Blanche, 75012 Paris
ISBN : 978-2-220-05766-8

À mes grands-mères,
À ma mère,
À ma fille

À toutes celles dont j'ai côtoyé les richesses…

« Que se passerait-il si une femme disait
toute la vérité sur sa vie ? Le monde s'ouvrirait. »
Muriel Rukeyser

Introduction
« Miracle en Alabama »

Tout se transforme. Le monde des objets s'use, les monuments se dégradent, les roches s'érodent et les peintures craquellent. Les organismes vivants dont nous sommes voient leurs cellules se rassembler, se disperser, se contracter dans un mouvement sans fin avant de disparaître. Tout comme eux, les sociétés subissent ce mouvement de naissance et de déclin, ainsi que l'histoire nous l'a éternellement montré. La nature aussi, dont le soleil se lève chaque matin pour s'évanouir le soir.

La métamorphose est inséparable de l'être humain, que celle-ci se produise sur un plan individuel ou social, biologique, métaphysique ou psychique, pour mener à l'accomplissement personnel. Enfant ou adulte, homme ou femme, nous possédons tous à l'origine ce don de la transformation, qui peut laisser émerger la part essentielle de nous-mêmes, pourvu que l'expression nous en ait été quelque peu permise au cours de notre construction. Chacun est concerné, et notamment la femme.

Car plus que tout autre, c'est elle qui possède le sens du mouvement, du neuf, du changement, elle qui dans son corps traverse les saisons, au rythme des grands passages de sa vie, des cycles et de leurs pertes, de la maternité… Tout est mouvance en elle, danse et fluidité. Elle qui sait mettre au monde l'enfant – ou toute autre œuvre qui en est l'équivalent, qu'il s'agisse d'une production artistique ou d'une matérialisation plus discrète –, elle qui se séparera, en accouchant d'un nouvel être, de ce qu'elle portait en elle depuis neuf longs mois. La femme sait quitter, créer et quitter à nouveau dans un mouvement sans fin. La séparation fait partie de ce qu'elle est, tout comme le changement et le mouvement, symboles de la vie. Elle sait aussi que les relations humaines nécessitent une adaptation constante.

Je ne pouvais écrire cet ouvrage sans y faire entrer avec une pensée émue celle qui, il y a longtemps, détermina radicalement le choix de ma profession. Je fis connaissance de la jeune Helen Keller avec *Miracle en Alabama*, une pièce de théâtre qui retraçait sa vie.

Quand la petite Helen vint au monde un beau jour de juin 1880 à Tuscumbia, dans la région de l'Alabama, les fées oublièrent certainement de se pencher sur son berceau. Une grave méningite lui fit perdre à l'âge de dix-neuf mois l'audition et la vue, et l'empêcha d'accéder au langage. Helen se mura alors dans un monde à elle et se coupa entièrement des humains, semblable à une petite bête sauvage. Elle dira d'elle-même des années plus tard : « J'étais aussi inconsciente qu'une motte de terre[1]. »

---

1. Helen Keller, *Helen Keller, sourde, muette, aveugle. Histoire de ma vie*, Payot, 1954.

Elle avait sept ans quand tout commença à basculer, le jour où une jeune institutrice de vingt et un ans, Ann Sullivan, elle aussi partiellement aveugle et à laquelle les parents d'Helen désespérés avaient fait appel, fit son apparition dans la maison familiale. Cette première rencontre provoqua d'abord chez l'enfant la peur panique qui intervenait dès qu'un événement sortait de l'ordinaire de sa vie. La relation initiale que la fillette eut avec la jeune femme fut mouvementée, et un combat incessant s'instaura tout de suite entre les deux femmes. Helen ne supportait pas la moindre frustration et traduisait ses colères par des réactions d'une extrême violence. Mais Ann, d'une volonté farouche, était décidée à transformer la petite fille en un être humain véritable. Une tâche colossale : « À nous deux, ma jeune amie… Tu es têtue, je le suis aussi[2]. »

Peu à peu, Helen abandonna ses emportements ; elle commença à s'intéresser aux divers jeux d'éveil que lui proposait Ann. À peine un mois et demi après leur première rencontre, le « miracle » se produisit, ce « miracle en Alabama » tant de fois adapté au cinéma ou au théâtre.

La journée avait été laborieuse. Ann s'était évertuée tant bien que mal à apprendre une fois de plus à la petite fille l'alphabet manuel, écrivant dans sa main les lettres des mots « tasse » et « eau ». Elle plaçait dans la paume de la petite fille une tasse, y versait de l'eau, puis après y avoir trempé le doigt de l'enfant, elle attendait qu'Helen réagisse quand

2. Lorena A. Hickok, *L'Histoire d'Helen Keller*, Folio junior, 1985.

elle esquissait les lettres e. a. u. Mais Helen ne comprenait toujours pas. La jeune femme eut soudainement une idée. Elle conduisit l'enfant dans le jardin, un lieu que la petite fille adorait car l'odeur des fleurs qu'elle pouvait toucher la ravissait. Puis elles allèrent toutes deux avec la tasse auprès du puits. Ann la remit à nouveau dans la main de l'enfant et y fit couler un peu d'eau. D'abord furieuse, Helen s'amusa ensuite comme elle en avait l'habitude à faire couler avec délice l'eau fraîche sur sa main. « Ann prit alors cette main et y épela le mot e.a.u., lentement d'abord, puis de plus en plus vite. Brusquement Helen laissa tomber la tasse. Elle demeura absolument immobile, rigide, respirant à peine. Elle SAVAIT. Elle avait compris, elle avait enfin compris !... E.a.u ! e.a.u ! Cette chose merveilleusement fraîche, cette chose amie, c'était e.a.u ?... Elle avait raison, c'était cela... Pour la première fois de sa vie, Helen avait parlé à quelqu'un[3]. »

Le déclic s'était produit, véritable « miracle » qui avait permis à la petite fille emmurée d'accéder à notre monde, celui du langage et de la communication. À partir de ce jour, l'aventure de cette enfant si avide de savoir commença. Après avoir acquis des mots, puis des phrases de plus en plus complexes sur ses doigts, elle exprima le désir d'apprendre à parler. C'est encore Ann qui lui permit d'y parvenir, quand Helen eut dix ans, en touchant ses lèvres. Quelques lettres authentiques montrent les progrès hors du commun de la fillette qui, trois mois et demi seulement après le « miracle »,

3. *Idem*.

notait : « Helen écrit – Anna George donnera à Helen une pomme – Simpson tirera des oiseaux – Jacques donnera à Helen un bâton de sucre candi – Le docteur donnera à Mildred un médicament – Mère fera une robe neuve à Mildred[4] » (Tuscumbia, Alabama, 17 juin 1887).

Malgré un départ tragique dans l'existence, Helen s'en alla étudier à la célèbre université de Radcliffe. Là, elle se passionna pour l'histoire, lisant celle de la Grèce, de Rome, des États-Unis…, s'enthousiasma pour la poésie dont elle connaissait de nombreux auteurs, pour les lettres, les arts et les sciences. Elle apprit le français et l'allemand. Sa soif de connaissance était sans fin.

Ann l'accompagna longtemps, suivit les cours avec elle, les lui traduisant sur les mains. À vingt-quatre ans, Helen avait à son actif plusieurs livres, dont *Histoire de ma vie*, une autobiographie. Amoureuse de la nature, elle fut également une grande sportive. Elle montait à cheval, adorait nager et plonger – pour ne pas s'égarer et revenir à la rive quand elle était seule, elle s'aidait d'une corde, solidement fixée au tronc d'un saule, qu'elle attachait autour de sa taille. Elle fit de nombreuses promenades en tandem avec Anne pour parcourir la campagne qu'elle aimait tant.

Elle ne s'arrêta pas là, se lança dans le journaliste et se mêla de politique, s'engageant dans différentes causes. Toujours à ses côtés, Ann qui s'était entre-temps mariée puis séparée de son mari, tomba gravement malade des poumons et des yeux, mais finit par se rétablir.

---

4. *Id.*

Helen décida alors de se consacrer à ses semblables, les aveugles, et donna des conférences dans le monde entier, toujours accompagnée de sa « bienfaitrice ». Au début l'auditoire comprenait avec difficulté sa voix rauque – l'oratrice ne s'entendait pas –, et Ann auprès d'elle devait répéter ce qu'elle disait. Ses interventions furent pourtant de plus en plus recherchées. Émanaient d'elle un goût de la vie, une générosité et une force intérieure toujours renouvelés.

Puis Ann, sa fidèle accompagnatrice, perdit la vue et les deux femmes durent se faire accompagner durant leurs nombreux voyages à travers le monde par une troisième personne, Poly, qui prit la relève d'Ann quand celle-ci mourut au bout de quarante-neuf longues années de compagnonnage. Malgré ce décès, Helen continua sa lutte, reprit son bâton de conférencière et se mit au service de l'Unesco pour lutter contre l'analphabétisme. Entre-temps, elle publia *Ma libératrice, Ann Sullivan Macy*[5], en hommage à celle qui l'avait aidée de toutes ses forces à sortir du néant de l'obscurité, « qui avait déposé le miracle du langage dans sa main[6] ».

> « *Annie m'accompagne ainsi dans tous les endroits où m'attendent de nouvelles tâches… La puissance de la destinée qu'elle m'a façonnée m'a élevée au-dessus de moi-même en permettant de mener la lutte de Dieu*

5. Helen Keller, *Ma libératrice*, Payot, 1956.
6. Lorena A Hickok, *L'Histoire d'Helen Keller*, *op. cit.*

contre les ténèbres... Consciente qu'elle continuait de m'accompagner, j'ai cherché de nouveaux moyens pour donner la vie et encore plus de vie aux hommes et aux femmes que rongent l'obscurité, la maladie ou la douleur... »

C'est au grand âge de quatre-vingt-huit ans, en 1968, que cette femme exceptionnelle s'éteignit à son tour. Peu avant sa disparition, elle écrivait : « Ma vie a été heureuse car j'ai eu de merveilleux amis et un travail passionnant. Parfois un soupçon d'envie s'élève en moi [faisant référence au fait qu'elle ne s'était jamais mariée], mais c'est comme la brise soufflant sur les fleurs. Le vent passe et les fleurs sont contentes. »

Certaines femmes comme Helen Keller ont fait d'une vie au départ difficile une urne à création. Elles s'appelaient Sarah Bernhardt, Françoise Dolto, Barbara... Jusqu'au bout, elles firent de leur passion de grandes œuvres. Toutes transmutèrent leurs difficultés ou leur souffrance en œuvres d'art. D'autres au contraire, à l'instar de Marilyn Monroe qui parvenue au sommet de la gloire se donna la mort, ou de Camille Claudel qui sombra dans la folie, n'y parvinrent pas. Pourtant, toutes possédaient en elles une force de vie qu'elles ont cherché à déployer à travers des métamorphoses successives. Les unes purent s'accomplir jusqu'au bout et pleinement, les autres virent leur route barrée. Mais toutes laissèrent des traces, après avoir vécu ces diverses phases de mutations.

Le désir d'écrire ce livre m'est apparu avec évidence quand j'ai pris conscience d'une rencontre plus réelle et plus profonde avec mon centre, ma féminité, au cours de mon évolution personnelle. Comme le dit Paule Salomon : « Tous les livres devraient être une forme de réponses aux problèmes que se pose celui qui écrit, au moment où il l'écrit, c'est-à-dire à son stade de développement[7]. » Je suis femme et mon parcours de vie m'a permis d'approcher certaines choses que je voudrais partager.

Toutes celles dont j'ai écouté chaque semaine les blessures durant toutes ces années ont aussi contribué à cette écriture, celles dont j'ai accompagné les joies, les peines, les tempêtes… Ces femmes qui ont une image si pitoyable d'elles-mêmes que seul subsiste en elles un sentiment aigu d'incapacité à vivre une existence ajustée. Leur blessure est parfois si profonde que derrière la fausse assurance que brandissent quelques-unes et qui leur sert d'armure, filtrent la plus grande des solitudes et une intense lassitude qui va parfois jusqu'au dégoût de vivre.

Ce sont toutes ces rencontres qui ont laissé en moi leur empreinte et ont solidifié ma croyance en la possibilité d'une renaissance, en dépit des brisures de l'existence. Ces petites filles qui pour s'accomplir dérangent leur entourage ; ces adolescentes ou ces femmes plus mûres, parfois déjà âgées, épuisées par une vie qui ne leur convient pas, qui toutes, chacune à sa façon, recherchent leur véritable place et le sens réel de leur existence ; ces femmes dont l'image

7. Paule Salomon, *La Femme solaire*, Albin Michel, 1994.

meurtrie entrave une vie amoureuse ou professionnelle, qui aspirent à la transformation et laissent émerger une force considérable qu'elles ne soupçonnaient pas… Le désespoir et les peurs sous toutes leurs formes sont alors au rendez-vous, et se laissent exprimer dans le lieu protecteur de mon cabinet, dans les larmes ou le feu brûlant de la colère.

À travers cela, toutes essaient de reprendre contact avec leur centre, celui qui a sans doute fait dire à ce vieux proverbe américain que « les femmes soutiennent la moitié du ciel ». Un centre qui faisait partie de notre âme enfantine avant de s'égarer au cours des ans dans les aléas traversés, ou lors du dressage familial, scolaire et culturel qui nous a pris entre ses griffes et nous a écartées de nous-mêmes.

Ce sont ces femmes qui m'ont confirmé la présence de l'incessante mouvance de tout ce qui vit – ce vivant fait d'ordre et de désordre, d'imprévisible et de certain, ce flux qui nous pousse vers l'avant et nous ouvre les ailes, celui qui conduit les bouddhistes à considérer la vie et la mort comme éléments d'un tout. Et aussi ces périodes où l'on se sent entre deux rives, dans une sorte d'étape intermédiaire, une latence parfois très douloureuse, entre un passé qui n'existe déjà plus et un avenir encore hors de portée.

Derrière chaque existence, dans chaque histoire, se cache un chercheur d'or. Seuls certains réussiront à découvrir leur trésor caché. Pour d'autres hélas, maintenus à l'écart et pris dans les strates de l'immobilisme, la quête même semble ne jamais avoir émergé. La peur de se laisser porter a tout tari ; l'élan, la pulsion de vie et le goût de l'aventure se sont figés.

La palpitation s'est endormie, les bloquant parfois dans la maladie, car tout ce qui se répète, tout ce qui se sclérose, entraîne dans son sillage l'image de la mort.

La sève vitale montera et vibrera chez certaines selon les circonstances de leur itinéraire. La présence de leur centre sera alors accueillie de façon pleine et entière, alors que pour d'autres, ce parcours ne sera que soubresauts et essais malencontreux, qui seront parfois déviés de leur véritable voie et créeront des circonstances dramatiques.

Si cet ouvrage semble ne s'adresser qu'aux femmes, il n'en est pourtant rien. Il s'adresse aussi à tous ceux qui cherchent à la comprendre, à tous ceux qui cherchent à se comprendre, à tous ces hommes qui souhaitent également accueillir leur part féminine cachée que notre société a tant de mal à reconnaître. Ces hommes-là sont sensibles à leur pôle féminin et à ses expériences, tout comme ils se montrent capables de l'écoute, de la réceptivité et de l'intuition qui en font partie intégrante. Ces lignes pourront ainsi résonner chez chacun, car le cheminement vers soi est universel.

Notre noyau, notre centre, nous pouvons pourtant le retrouver très furtivement. Ne vous êtes-vous ainsi jamais surprises à sentir votre souffle se suspendre dans une sensation de grand bien-être au sein de la nature ? Au sommet d'une montagne ou face à la mer, « la mer, ce ciel inversé[8] », comme le dit si joliment Marie Louise Audiberti ?

---

8. Marie-Louise Audiberti, *Écrire l'enfance*, Autrement, 2003.

Ou face à une scène toute simple que la vie quotidienne nous offre ? C'est au cours de ces moments privilégiés qu'émerge parfois cette sensation de grande harmonie avec l'univers, avec le contact de nos pieds sur la terre, les odeurs qui nous entourent, et notre respiration… L'impression de se trouver reliées à nous-mêmes dans un moment de communion entre notre monde intérieur et celui du dehors.

Pour ma part, c'est au milieu des éléments marins, face à l'océan, que je retrouve ma source, au cours de ces moments « cadeaux », dans la pleine lumière de l'été ou par grand froid, face à l'immensité accentuée par la marée basse, avec ses couleurs si particulières, et dans le grand vent. Je peux alors toucher cette part de moi, celle que chacune d'entre nous porte en elle, hélas sans le savoir parfois ; cette part instinctive de notre féminité retrouvée dans les roches où les pieds nus bien ancrés retrouvent leurs assises.

Qui sommes-nous ? Quel chemin a-t-on parcouru de la petite fille que nous étions à la femme que nous sommes devenue ? Quels obstacles ont entravé l'accès à notre réelle individualité pour faire parfois de nous un être meurtri ou désespéré ? Quels ressorts au contraire nous ont permis, malgré les difficultés, d'émerger vers notre soleil intérieur ? La femme, dit-on, est celle qui sait. Celle que l'histoire révèle. Celle que les contes de fées et les légendes mettent en lumière à travers de multiples personnages dont le reflet nous renvoie notre image. Celle que la mythologie ou la célébrité permet d'atteindre sous toutes ses facettes.

Comme le permettent toutes celles qui m'ont fait la confiance de venir vers moi.

Première partie

Qui sommes-nous ?

« Un signe grandiose apparaît au ciel : une femme !
Le soleil l'enveloppe, la lune est sous ses pieds,
et douze étoiles couronnent sa tête. »
Apocalypse, 12.

Au cours des siècles

Le 24 octobre 2006, la chaîne Arte diffuse une émission bouleversante : « La malédiction de naître fille. » L'Inde manque de cent millions de petites filles car celles-ci sont supprimées avant leur naissance ou dans les jours qui la suivent… Cette pratique dure depuis des siècles, poursuit le documentaire, et on continue à tuer tout fœtus ou nouveau-né de sexe féminin car, dit un homme, « les filles ne serviront à rien plus tard et ne ramèneront pas d'argent à la maison ». On en est arrivé à ce constat qu'avant l'âge de cinq ans, la mortalité des filles est deux fois plus élevée que celle des garçons, provoquée par privation de nourriture ou par empoisonnement, infanticide qui incombe à la mère de l'enfant, désignée par la famille. Des associations commencent à se mobiliser, mais, ajoute le reportage, cela demandera beaucoup de temps pour faire évoluer ces mentalités culturelles ancestrales.

Et pourtant, il y a bien longtemps, et nous pouvons avoir une certaine difficulté à l'imaginer, le culte de la déesse mère dominait toute une partie de l'histoire. Les preuves en sont nombreuses ; les fouilles et des données historiques ont révélé que la divinité qui ordonnait l'univers était d'origine féminine, qu'elle prenne l'aspect de la chasseresse ou de la guérisseuse. Pendant des milliers d'années, et durant les ères paléolithique et néolithique, les femmes jouissaient d'un rayonnement et d'une présence intenses. Dans son ouvrage[1], Riane Eisler montre quelle a été l'évolution culturelle, à partir de la préhistoire, de l'inspiration féminine à la suprématie masculine. Elle explique comment les valeurs de la civilisation féminine, dominées par une absence totale de hiérarchie, étaient organisées en forme de cercle ou de coupe. Les techniques guerrières sont ensuite apparues, avec la volonté de domination qui en découle. La civilisation de l'épée s'est alors imposée et perdure encore aujourd'hui, avec le développement des technologies qui menacent la terre mère, privilégiant l'appât du gain et la rentabilité au détriment du respect de la nature.

De nombreux faits attestent de l'importance qu'a représentée la féminité. L'invention de l'écriture par exemple est attribuée à une déesse. Et les premiers écrits, datant de 3 200 ans avant J.-C., comme le signale Paule Salomon[2], ont été retrouvés dans le temple de la déesse Inanna à Erech.

Avant que des dieux ne lui succèdent, la première des déesses fit son apparition en Inde. Et encore actuellement, dans ce pays appelé « *Mother India* », on invoque sans cesse cette Mère Inde, cette divinité représentée à Bénarès dans les ruines d'un temple à son nom. Ramakhrishna disait que derrière l'univers, on ressentait le pouls de la Mère divine.

---

1. Riane Eisler, *Le Calice et l'épée*, Robert Laffont, 1989, coll. « Réponses ».
2. Paule Salomon, *La Femme solaire, op. cit.*

Le Gange lui-même est considéré comme la « Mère Gange », la déesse où l'on baigne une dernière fois le corps des défunts. En Chine, c'est la philosophie du Tao qui est fortement liée à la Grande Mère des origines. En Égypte, où les privilèges se prolongèrent le plus longtemps, c'est très progressivement que le statut de la femme et tout particulièrement celui des prêtresses se dégrada, et que les temples commencèrent à être servis par des prêtres. La religion chrétienne a pris la suite de la religion hébraïque pour mener la lutte contre la déesse féminine en fermant tous ses temples. Et pourtant le Christ eut une attitude qui mit en avant l'égalité de l'homme et de la femme vis-à-vis de Dieu, comme face à la pécheresse Marie-Madeleine, la femme adultère. On se souvient de ses paroles : « Que celui d'entre vous qui n'a jamais péché lui jette la première pierre. » La Vierge Marie semble représenter de différentes façons la déesse mère, et telle la déesse mère, elle est fécondée par l'esprit, possédant par là un côté révolutionnaire au sein du christianisme. Mais elle est sous l'autorité du père et du fils derrière lesquels elle s'efface, et toute trace de sexualité est chez elle gommée.

Ainsi la féminité passa-t-elle d'une rive à l'autre, de la déesse à celle qui s'associe à un manque, et peut-être est-ce pour cette raison qu'il se rattachera toujours à elle cette part de mystère.

Pour Aristote, l'embryon humain provenait de la coagulation du flux menstruel, et la mise en forme de la matière première que fournissait la femme revenait donc noblement à l'homme. Ce n'est que beaucoup plus tard que l'égalité de participation de l'homme et de la femme dans le processus de reproduction fut établie, avant que la science ne découvrît en 1956 les chromosomes X et Y portés par les spermatozoïdes.

De nombreux ouvrages polémiques fondés sur le rapport homme/femme, pour aider les femmes à s'affirmer, ont vu le jour et ont permis de parcourir un long chemin. Pourtant, les bases de notre civilisation occidentale actuelle restent fondées sur l'avoir et la conquête ; un certain essoufflement et un dessèchement indéniable de notre société ont lieu, ce qui rend encore bien difficile l'accession de la femme à elle-même.

L'idéal serait de porter un simple regard sur la réalité féminine, celle qui est là pour s'allier avec cette parcelle que porte aussi chaque homme en lui. Et ce, afin d'éviter de retomber dans le jeu des pouvoirs et de nous retrouver face à un nouveau piège, celui d'une sorte de dévoration matriarcale succédant au despotisme patriarcal d'antan. Nos singularités d'hommes et de femmes sont au contraire à regarder non pas dans l'opposition mais dans une complémentarité des plus enrichissantes, tout en gardant nos propres spécificités. D'autant plus que de nos jours tend à régner de manière de plus en plus marquée non seulement la confusion des sexes où hommes et femmes jouent le rôle de mère ou de père, mais aussi celle des générations. Les petites filles désirent imiter l'apparence de leurs aînées dans leur tenue vestimentaire, alors que les plus âgées, elles, ont de plus en plus de mal à assumer leur vieillissement physique et font appel à la chirurgie. On finit alors par ne plus donner d'âge aux unes comme aux autres.

Toutes, nous sommes façonnées par la société qui nous porte mais aussi par l'histoire de nos aïeules. À ceci s'ajoute notre chemin individuel, celui du cadre dans lequel nous avons grandi, celui de notre enfance, de notre adolescence, qui viendront se greffer plus tard sur les années de maturité. Au poids des histoires de nos ancêtres vient s'ajouter celui de nos blessures, de nos regrets, de nos deuils ; ces pertes douloureuses qui nous ont coupées non seulement des êtres qui nous étaient chers, mais aussi celles que notre développement nous aura amenées à côtoyer pour nous aider à grandir. Et ce, dès notre premier souffle qui aura été la séparation suprême. Il aura fallu rompre avec certaines de nos illusions et nos désirs de toute-puissance, auxquels on s'accroche si fort quand on est enfant. Malgré tout, cela n'empêchera pas certaines d'entre nous de garder leur élan pour tenter de respecter leurs idéaux et leurs valeurs sans discontinuer ; d'ajuster l'irréalisable et ce vers quoi l'on désire tendre. D'autres éprouveront plus de difficulté à faire émerger leur feu intérieur et il leur faudra passer par des moments désertiques, arides et secs où rien n'aura l'air de pousser, tant leur confiance en elles et en la vie les aura quittées.

Toute une vie

De la petite fille à la femme

« Avec l'amour maternel, la vie nous fait une promesse
qu'elle ne tiendra jamais. »
La Promesse de l'aube, Romain Gary

La vie nous a été donnée par notre mère et notre père, quelle que soit la suite de notre parcours, leur proximité à nos côtés, ou leur disparition réelle ou symbolique. Que les joies ou les peines, les richesses ou les misères affectives aient pris la première place, nous sommes tous issus de ces deux êtres. Et ce que nous percevrons de nous-mêmes s'établira d'abord au travers du regard de notre mère, celui qu'elle aura posé sur nous.

Mères et filles – Norma et les autres

« Le regard de notre mère est une partie de notre âme
qui entre dans notre âme par nos propres yeux. »
Lamartine

La petite Norma Jean Baker naquit à Los Angeles le 1er juin 1926, de père inconnu et d'une mère profondément malheureuse puisqu'elle fut rejetée et méprisée, elle la « fille mère » qui dut vivre dans la solitude et presque dans la misère. Incapable de s'occuper de sa fille, submergée par la douleur provoquée par le malheur, elle plaça l'enfant. C'est ainsi que Norma fut ballottée une dizaine de fois de familles nourricières en familles nourricières, avant de vivre deux années en orphelinat. En se remémorant cette époque elle dira : « Je ne sais pas pourquoi, mais j'ai toujours pu faire pousser quelque chose, excepté à l'orphelinat, parce qu'on ne nous permettait pas d'arroser[1]. »

Les quatre années suivantes se poursuivirent chez une tutrice. Sa mère fut finalement internée quand elle atteignit l'âge de sept ans, ce qui explique cette peur de la folie qui poursuivit Norma pendant très longtemps. Et le malheur continua à s'abattre sur la petite fille, car deux ans plus tard – elle avait neuf ans –, l'un des « pères adoptifs » qu'imposa à Norma l'assistance publique, abusa d'elle. Quand elle se confia à sa tutrice, celle-ci se contenta de la frapper et de l'accuser d'avoir de « mauvaises pensées ». À partir de cet événement, une grande faille se creusa tout au fond de la petite fille. Elle se mit à bégayer, ce qui se reproduisait à chaque fois qu'une crise survenait dans son existence. Dans ce parcours maudit, elle trouva cependant un lien un peu plus attentionné avec sa tante Grace Mac Knee, qui fut l'une des rares personnes à

1. *Paris Match* n° 925, 31 décembre 1966.

prendre soin d'elle. Puis à seize ans, sa tutrice « la maria à un brave voisin ».

Un peu plus tard, Norma devint la Marilyn Monroe que nous connaissons, après quelques rencontres avec des photographes touchés par sa beauté. Adulée par les foules et les hommes qui la couvrirent de cadeaux, cette femme blessée par l'existence, celle qui « souvent déjà avait été morte », dit Cyrulnik, et que « souvent il fallait stimuler pour qu'elle ne se laisse pas aller à la non-vie[2] », ne trouva jamais ce que depuis si longtemps elle cherchait en elle. Plus tard, sous l'emprise des médicaments et de l'alcool, elle pourra rester durant d'interminables moments, inerte et vidée de tout désir, au fond de son lit, seul refuge à l'angoisse. Et même des hommes comme Arthur Miller, John Kennedy ou Yves Montand ne pourront la réveiller et la sortir de cet engourdissement. Les espoirs de maternité qu'elle portait si fort en elle furent détruits par deux fois, avec un enfant mort-né de son mariage avec Arthur Miller.

« J'ai peur de décevoir », disait cette femme qui en fait se détestait elle-même et dont personne ne pouvait comprendre l'état de solitude ni le désespoir qui la submergeait depuis si longtemps. « Elle est restée seule dans la boue, où de temps en temps nous lui jetions un diamant[3] », exploitée sexuellement et financièrement.

Marilyn fit ainsi plusieurs mariages et ne fut jamais mère. Elle essaya de sortir de ses ornières avec toutes les forces

---

2. Boris Cyrulnik, *Le Murmure des fantômes*, Odile Jacob, 2002.
3. *Id.*

qu'elle possédait en suivant une psychanalyse et en lisant le poète Rilke, sans doute pour retrouver cette part de vie et de flamme qu'elle avait perdue de vue depuis si longtemps, cette part lumineuse qui brillait parfois en elle mais de façon si fragile.

« Quand mes parents adoptifs de l'époque me réprimandaient parce que je riais bruyamment avec les garçons qui me prêtaient leur bicyclette, alors je me lançais à toute vitesse, riant dans le vent, roulant le long du bloc d'immeubles, riant à cœur joie… J'adorais le vent, il me caressait[4]… » Celle qui disait aussi : « J'ai toujours eu le sentiment de n'être rien, et pour moi la seule façon d'être quelqu'un c'était d'être quelqu'un d'autre. C'est probablement pour cela que j'ai eu envie de devenir actrice », sombra dans la drogue avant de se laisser elle-même partir, malgré cette vie si pétillante restée dans les catacombes de son être. Qui eût cru possible tant de désespoir derrière la brillance des paillettes ?

Notre premier objet d'amour, c'est notre mère, qu'elle nous ait mis au monde ou qu'elle en soit la représentation, et c'est à travers elle que nous allons apprendre à découvrir ce qu'est le lien, avec ses joies et ses souffrances. Son image possède bien des facettes et nous en adopterons certaines ou au contraire, nous en fuirons d'autres pour « ne surtout pas lui ressembler ! ». Ainsi nous identifierons-nous à cette mère « si bonne », celle qui a tout sacrifié pour ses enfants, ou au

4. *Paris Match*, *op. cit.*

contraire préférerons-nous, face à ce modèle, nous positionner dans un excès inverse qui fera de nous une femme exceptionnelle sur le plan professionnel, mais délaissant hélas toute vie affective, notre féminité en faisant partie.

D'autres retiendront sa colère, ses débordements, ses cris et ses hurlements de furie qui nous aurons figées dans l'effroi et que pourtant nous reproduirons, bousculées quand nous en prendrons un jour brutalement conscience. Ces mères ont craché leurs paroles pour terroriser leur entourage et nous, nous aurons alors senti grandir en nous un flot de culpabilité face à celle qui aura souvent tout fait pour nous humilier et nous dégrader, persuadées que nous sommes la cause de son comportement.

Marianne n'avait jamais réussi à exprimer sa colère, restée coincée en travers de sa gorge, car celle de sa mère avait toujours été synonyme de cataclysme et du plus grand des dangers. Elle se comportait de façon très craintive face aux situations de la vie, notamment au cours des choix qu'elle devait effectuer dans le domaine du travail et de sa vie sentimentale. Elle avait ainsi hésité longuement entre deux hommes pour regretter par la suite celui qu'elle n'avait pas élu. Mais parallèlement, ce furent malheureusement ses enfants qui firent les frais du despotisme de sa propre mère : ils représentèrent la seule échappatoire de Marianne contre son sentiment refoulé. Profondément traumatisée par son comportement tyrannique qui lui était devenu insupportable, elle décida d'entreprendre une psychothérapie. Elle put ainsi peu à peu dépasser son aliénation intérieure et retrouver son équilibre et sa juste place : ne plus être piégée dans cette seule alternative, subir l'écrasement et « n'être rien », ou le faire subir aux autres dans la répétition du comportement de sa mère.

Certaines s'aligneront sur l'attitude exigeante d'une mère glacée et emprisonnée dans des émotions dont l'expression se sera paralysée. Ces femmes arrogantes, installées sur leur piédestal et d'une extrême froideur, sont bien souvent secrètement en manque d'affection elles-mêmes et en grande souffrance. Mais c'est leur autoritarisme qui domine auprès de leur entourage et qui masque leur vulnérabilité et les larmes qu'elles ne parviennent pas à faire jaillir. Ces femmes qui portent « des joyaux métalliques [qui] ceignent leur cou et leurs poignets comme des armures[5] ». Il faudra alors pour sortir de cette prison de glace faire tomber la cuirasse, et souvent dans une grande douleur, comme c'est le cas quand après le gel, notre sang circule à nouveau dans notre corps.

Peut-être, au contraire, notre mère aura-t-elle toujours fait preuve de passivité et nous aura-t-elle donné comme seule perception d'elle une grande fragilité. Face à ces femmes souvent malades et entretenant leur entourage dans un état de grande dépendance, nous aurons tendance à nous poser en « sauveur », avec toute cette énergie à dépenser dans une tâche de réparation, mais qui malheureusement ne sera que peine perdue. Toute notre énergie créatrice n'aura

---

5. Linda Schierse Léonard, *Rebelles de mères en filles*, Le Jour éditeur, 1994.

pris alors que la forme du don à l'autre, plus tard auprès du conjoint, des enfants et de tous les nôtres, et nous éloignera de l'écoute de nos propres besoins en nous immergeant dans un univers de culpabilité : surtout ne pas fragiliser, ne pas bouleverser une mère déjà si faible !

Complétude et ressemblance

Mais quel qu'il soit, ce parcours mère/fille sera de toute façon bien différent de celui du petit garçon. Avec lui, la mère va tisser une relation de désir qui ne concernera jamais les filles. Nous n'en serons pas moins aimées par notre mère, mais cet amour prendra une coloration bien différente. À ses yeux, nous serons davantage un « recommencement », un prolongement d'elle-même, et à travers son regard, nous serons comme sa continuité. Envers son petit garçon, il s'agira plutôt de « complétude » vis-à-vis d'un être différent d'elle et qui ne peut représenter un miroir. Ainsi certaines de ses attitudes seront différentes : le sevrage, par exemple, intervient plus précocement pour les petites filles, tout comme la durée de la tétée sera plus longue pour les garçons[6].

Son désir de complétude nous manquera toujours. Sans cesse confrontées à la ressemblance ou à la prolongation de notre mère, nous ne serons toujours que son double, et c'est sur lui que nous aurons constamment à nous construire ;

---

6. Irène Lézine, *Le Développement psychologique de la première enfance*, PUF, 1965.

comme c'est lui aussi qui nous confrontera à la solitude. Ne dit-on pas que les filles manient dès le plus jeune âge le langage avec beaucoup plus d'aisance ? Ce langage qui va être là pour suppléer ce vide et servir de pont et de moyen de communication avec l'autre. Dans le Talmud, il est du reste dit : « Lorsque le Saint Unique, bénit soit-Il, distribua les dix doses de la parole du haut du ciel, neuf d'entre elles furent arrachées par les femmes[7] ! »

Nombreuses sont les femmes qui cherchent une oreille qui écoute et reçoit leurs paroles. Ne la réclament-elles pas à corps et à cris dans leur couple, se plaignant de leur silence à eux les hommes ? « Il ne me dit rien », « Je ne sais jamais ce qu'il pense… » entend-on souvent. Et ne cherchent-elles pas ce dialogue au travers de l'accompagnement psychothérapeutique ? Nous avons tant besoin d'établir des liens, de dépasser cette incomplétude, d'établir le contact avec l'autre… Du reste, notre corps n'a-t-il pas été créé dans ce but, lui qui sert de réceptacle pour l'homme et l'enfant, lui qui présente ce creux sans lequel la vie ne pourrait être engendrée ?

Nous redoutons davantage la séparation et avons bien souvent besoin d'un lien très étroit avec l'homme, alors que pour lui, au contraire, c'est l'intimité qui va représenter le danger ; lui qui fuira le trop-plein de paroles, ce trop-plein de mots bien souvent reçu de sa mère. Alors combien de malentendus dans ces couples où lui se sent envahi et menacé par son discours à elle qui souffre de son silence…

---

7. Moussa Nabati, *La Dépression : une maladie ou une chance ?*, Fayard, 2005.

Que de demandes opposées qui ne peuvent être gratifiées ni pour l'un, ni pour l'autre ; que de dilemmes face à la juste distance à trouver…

Ainsi la voie n'est-elle pas forcément facile dans cette relation mère/fille qui relève de l'acrobatie puisqu'il sera demandé à la seconde de s'identifier à la première pour ensuite s'en séparer, afin de couper le cordon de cette symbiose initiale essentielle durant un temps. Et nombreuses sont celles qui auront à combler cette béance à travers la nourriture, de la boulimie à l'anorexie, ou par des vomissements, le corps connaissant mille manières d'exprimer le mal-être.

Marie, elle, a choisi de devenir anorexique. Comme c'est toujours le cas, elle a perdu un tel poids que la première fois que je l'ai rencontrée, je l'ai trouvée sans vie, fade et sans âge pour ses dix-sept ans, comme si toute sève s'était évaporée de son corps. Depuis des mois, me raconta-t-elle, elle s'acharnait à se sous-alimenter face à l'angoisse incontrôlable de maigrir qui la submergeait. Elle qui désirait « se faire toute petite vis-à-vis de ses parents », par l'intermédiaire d'une silhouette qui s'amenuisait progressivement, se voyait dans un total paradoxe prendre une immense place au sein de leurs pensées et de leurs préoccupations. Marie m'avoua un peu plus tard avec une grande honte qu'elle se faisait également vomir en cachette et s'imposait cette contrainte de façon irraisonnée. « Je n'ai plus envie de rien, je n'ai pas de petit ami, je n'ai pas envie de voir du monde, et bien souvent quand je mange je veux faire plaisir aux autres, à mes parents, alors que les aliments me dégoûtent à un point inimaginable. »

Comme pour toutes ces jeunes filles, l'inconscient est tyrannisé par un interdit redoutable, celui de devenir femme. Et l'appétit sous toutes ses formes, nourriture terrestre ou désir de vivre, se met en grève. C'est « la grève de la vie[8] ».

Pourtant, Marie n'aurait jamais pensé un an avant qu'elle plongerait dans ce gouffre, elle qui se souvient avoir été une petite fille et une préadolescente enjouée, rieuse, dynamique et insouciante. C'est peu à peu qu'elle va m'exprimer sa peur de grandir, de quitter ses parents car elle est en terminale et sait que le départ pour ses études dans une autre ville va très vite approcher. Elle est « la petite dernière », après trois garçons, et était tout particulièrement attendue par ses deux parents. D'autant plus que chacun d'eux avait un parcours qui n'avait pu qu'accentuer ce premier phénomène. Sa mère avait déçu ses propres parents lors de sa venue au monde alors qu'ils attendaient un garçon. Marie l'avait donc aidée à réparer en quelque sorte son image de bonne mère capable de mettre au monde un enfant de sexe féminin. Le père de Marie, de son côté, avait perdu à l'âge de onze ans une petite sœur et l'arrivée de Marie lui servit aussi de baume pour panser cette blessure. Alors ce qui devait arriver arriva. Marie, quand elle naquit, endossa le rôle de tuteur.

Elle réalisa peu à peu que l'amour que ses parents lui avaient apporté comportait une facette particulière, car ils

---

8. *Id.*

avaient toujours attendu d'elle qu'elle cicatrise leurs blessures et qu'elle remplisse le vide que celles-ci avaient creusé en eux. Elle comprit que par leur propre histoire, elle n'avait pas été entièrement désirée pour ce qu'elle était vraiment. Ses parents, en se montrant débordant d'attentions et en devançant le moindre de ses désirs, n'avaient en fait vécu qu'au travers d'elle – ses trois frères étant plus âgés –, et dans un grand repli vis-à-vis du monde extérieur. Devenir un fantôme par son corps était le seul moyen qu'elle avait trouvé pour « disparaître », en tout cas pour prendre le moins de place possible face aux attentes parentales trop lourdes. Elle réalisa également qu'elle avait été l'enfant de remplacement de la sœur décédée de son père, qui s'était toujours senti responsable de sa disparition. Le père put par la suite s'exprimer quand les langues commencèrent à se délier ; la psychothérapie de Marie en avait été l'origine. Il avait trouvé en la naissance de Marie la voie de la guérison et s'était senti soulagé du poids de sa culpabilité.

Marie avait en fait existé à travers quelqu'un d'autre, n'ayant jamais su si elle était réellement vivante ou si elle représentait une disparue. Sans en avoir conscience, depuis toute petite, elle avait eu du mal à trouver sa véritable place, au-delà du fait d'être la « petite dernière » de la fratrie. Car comme tous les enfants, elle avait senti tout ce qui concernait ses parents, et surtout ce qui était caché et enfoui au plus profond d'eux-mêmes. Comment Marie, avec tous ces poids qui ne lui appartenaient pas, pouvait-elle se donner le droit de s'épanouir comme une femme, avec ses désirs de vie et d'indépendance ? Elle qui avait toujours cru qu'elle devait sa présence à ses parents pour les protéger face à leur détresse. Comment s'autoriser à les abandonner, elle, la béquille si précieuse ? Alors Marie pour rester la petite fille aidante a choisi de dicter à son corps la marche à suivre : garder une silhouette de fillette sans forme, pour dire en quelque sorte : « N'ayez aucun souci, je suis là et je vais continuer à vous soutenir. »

En devenant presque invisible, Marie allait aussi se permettre de manifester son opposition à cette mère qui cherchait encore la symbiose avec elle. Mais à quel prix ! Car l'adolescente se trouvait piégée dans un dilemme insoluble : soit elle décidait d'entrer dans le moule pour garder l'amour de sa mère en se perdant de vue, soit elle s'en écartait en prenant le risque terrible de l'abandonner. Elle a finalement choisi la seconde solution qui amène certaines jeunes filles à ces paroles amères : « Ma mère n'a pu m'aimer car j'étais différente de ce qu'elle souhaitait et je ne correspondais pas à son image. »

L'indispensable coupure

En tant que semblable à notre mère, une seule voie s'offre à nous : celle de nous différencier d'elle qui, dès la naissance, a souhaité bien souvent sans le savoir que nous soyons conforme à son désir, pour dans un second temps nous en rapprocher. Combien nombreuses sont les mères qui souhaitent réparer à travers leurs filles des rêves irréalisables ou se gratifier au travers d'elles si, dans le pire des cas, elles se sont perçues de façon totalement négative.

Notre mère, ou celle qui l'a représentée, fut notre premier amour fusionnel et absolu. À la différence du fils qui se devra d'échapper à sa mère pour se construire et s'identifier à « l'autre », son père, nous nous sommes senties très rapidement comme la reproduction de celle qui bien souvent s'affairera auprès de nous pour arranger nos cheveux ou ajuster notre tenue vestimentaire, comme s'il s'agissait d'une miniature d'elle-même à perfectionner et qui la prolonge. Si, dans les premiers mois de la vie, cette fusion est vitale – qu'aurions-nous fait seules en arrivant au monde ? –, la séparation doit impérativement lui succéder pour nous permettre d'accéder à l'autonomie. Bien souvent, nos mères ont du mal à savoir où elles finissent et où nous commençons, et malheur à nous si nous ne parvenons pas à franchir ce miroir car nous n'allons cesser par la suite de souhaiter plaire aux autres, de chercher à les satisfaire dans leurs attentes, comme nous aurons dû le faire vis-à-vis d'elle.

C'est dans le cadre scolaire que nous retrouverons ce penchant à se conformer aux attentes des autres. Et ce n'est pas un hasard si les filles se montrent en général plus appliquées que les garçons, et avides d'apprendre : « Il y a si longtemps qu'elle cherche sa propre vérité de fille[9]. » On retrouve ce même désir de plaire dans divers autres domaines : l'acquisition de la propreté en est un, avec son caractère plus précoce auprès d'une maman plus exigeante avec sa fille alors qu'elle tolérera plus

---

9. Christiane Olivier, *Les Filles d'Ève*, Denoël, 1990.

longtemps que son garçon salisse sa culotte[10]. Et puis plus tard, dans notre vie de femme, ce désir d'être aimée nous conduira à diverses formes de dépendance à l'homme, allant jusqu'à perdre notre âme ou à renier notre corps, en le soumettant à la chirurgie esthétique par peur de ne plus plaire, ou tout simplement pour ne rester qu'une ombre à ses côtés.

Le garçon va lui aussi avoir fort à faire, mais c'est en empruntant un chemin très différent. « On naît femme, et on devient homme », dit Paule Salomon. Il aura lui aussi à vivre l'opposition pour acquérir une indépendance que sa mère ne souhaitera qu'à moitié. Mais celle-ci le renverra à son père, pilier de son identification en tant que futur homme. Comme Louis qui, à quatre ans, comme de nombreux petits qui me sont amenés par leurs parents, refusait de façon systématique ce que sa mère lui proposait, exprimant de cette manière le souhait très vif de se rapprocher de son papa. Ou François qui salissait encore à cinq ans ses culottes, entre autres pour « emm... » au sens propre celle qui entravait son chemin et qui désirait finalement qu'il reste « son petit ». C'est grâce à la séparation que l'homme va se construire et exister. C'est grâce à son père qu'il parviendra à se distinguer de son premier objet d'amour. L'homme est ainsi construit à partir de la rupture, dont son système de pensée et de relation est imprégné : logique, besoin de structure, rationalité. Nous

10. Irène Lézine, *Le Développement psychologique de la première enfance, op. cit.*

n'avons pas été confrontées à tout cela car, une fois la coupure établie dans un premier temps, il a fallu ensuite nous rallier à l'univers féminin pour nous construire. C'est cette absence de coupure définitive dans cette première relation à notre mère qui explique notre attrait pour tout ce qui touche à l'illimité, à l'indicible et au domaine de l'inconscient sans lien avec tout cadre séparateur. L'infini, la quête de la profondeur, la compréhension du sens des choses nous appartiennent, comme l'impalpable au-delà des définitions logiques.

Ce sont ces différences qui parfois rendent délicate la relation à l'autre, conjoint, mari ou compagnon, car bien souvent nous chercherons cet infini en l'homme, déçues de ne l'avoir pas trouvé.

Par la femme, tout est relié et ce besoin de lien, nous le retrouvons dans l'univers de notre érotisme. Celui que Francesco Alberoni nous révèle comme étant très différent de celui de l'homme : autant celui-ci tendra vers le discontinu, dit-il, autant la femme penchera toujours pour la continuité. Si pour la femme le rêve est celui de la pérennité de l'amour, de l'union dans la durée, pour l'homme les fantasmes de l'érotisme sont de l'ordre de la discontinuité du plaisir sexuel, de la nouveauté, de la révélation. Alors que pour nous, il y a importance de retenir l'aimé dans une rencontre qui dure éternellement et lui rend le détachement insupportable, l'homme au contraire fait tout pour garder sa liberté, opposée à l'engagement et à la responsabilité. Mais quand nous rompons, c'est au contraire définitivement et là aussi, la notion de durée domine. Car « si la continuité est désirée dans la relation, elle l'est aussi dans la rupture[11] ».

Pour délimiter leur vraie personne, afin de ne plus être uniquement habitées par un désir étranger, celui de leur mère, les petites filles utiliseront divers moyens. Cela commencera à trois ans où la colère les envahira quand elles se sentiront freinées dans l'élan vers leur vie profonde. Puis celle-ci s'estompera quelques années plus tard jusque vers douze ans environ, durant cette « phase de latence » où une vie plus extérieure s'offrira à elles, avec l'école et l'énergie à y dépenser. Durant toutes ces années précédant cet « âge de raison » comme on l'appelle, elles essaieront de se déposséder du désir symbiotique à leur mère.

C'est l'adolescence qui à nouveau et parfois avec grande force fera resurgir ce profond désir de vivre sous la forme d'une opposition envers celle dont on ne veut pas vivre la vie. Et à cette saison de l'existence, mère et fille ne feront pas bon ménage. À cet âge, la fille désirera ardemment être une femme mais en tous les cas, « pas comme elle, surtout pas »! Et elle fera tout pour s'en différencier, mais parfois hélas en perdant de vue dans cette rébellion certaines parties essentielles d'elle-même. Il est si difficile de faire le juste tri entre ce qui nous appartient réellement et ce qui nous vient de l'autre…

Un jour pourtant, pour certaines d'entre nous, l'image menaçante associée à notre mère s'estompera et perdra de

11. Francesco Alberoni, *L'Érotisme*, Poche, 1994.

sa puissance, nous permettant dans l'avancée de l'âge de devenir pleinement nous-mêmes. Nous ne la considérerons plus comme l'ennemie à laquelle il ne nous faut absolument pas ressembler, mais comme une « pair », un être humain fait lui aussi, tout comme nous, de failles et de forces. Et notre métamorphose sera en partie engendrée par ce nouveau regard posé sur elle. Car, même dans le pire des cas, nous réaliserons que c'est elle qui nous a donné la vie.

Que notre mère nous ait profondément aimée, ou tout son contraire, il nous reste toujours de toute façon à faire le deuil de notre aspiration à une mère « parfaite », pleine de richesses et sans faille, car ce miracle n'aura jamais lieu. Ce n'est qu'une fois cette vérité atteinte que nous pourrons enfin nous séparer de ce vieux rêve, nous permettre d'être tout simplement nous-mêmes, et non plus ce tout-petit perdu et démuni hors de sa présence. Nous serons alors capables de faire fondre cette vieille peur qui date de notre plus tendre enfance, celle de perdre son amour si on ne correspond pas à ses souhaits.

Elles sont si nombreuses les femmes dont je recueille les doutes, les remises en questions qui prennent la forme de souffrances si variées ; encore et encore, elles me disent que c'est de n'avoir pas pu répondre à l'attente de leur mère que leur vient ce vague à l'âme, quand il ne s'agit pas de quelque chose qui arrache plus profondément leur intérieur. Pourtant, si on ne peut recréer ce nirvana d'amour ou – pour celles qui ne l'ont jamais vécu – le créer, la magie peut agir et tout n'est pas perdu, au contraire ; c'est celle « de nous offrir réciproquement, une fois que nous sommes séparées, une autre vie, une vie supplémentaire qui jaillit de la richesse de la vie de chacune[12] ».

Mère et fille, nous pourrons alors nous donner la chance de nous rapprocher l'une de l'autre et dans une relation d'autant plus forte, plus riche et plus tendre qu'il ne s'agira plus de celle qui liait une mère à son enfant avec tous les pièges qui s'y rattachent, mais d'une communication authentique et adulte d'être à être. Ainsi la relation à notre mère peut être d'une grande intensité dans un sens ou dans l'autre. Ce lien si fort et particulier, Noëlle Châtelet le retrace dans son ouvrage d'une grande beauté[13] quand elle évoque les moments où l'une va quitter l'autre pour l'ultime et inévitable séparation : l'auteur qui va perdre sa mère relate avec une grande délicatesse les émotions de ce chemin initiatique des derniers mois qui les préparent l'une et l'autre à la grande « défusion » finale. Ce chemin initiatique, la mère va l'offrir en cadeau à sa fille durant toutes ces semaines avec tous ces brefs instants de grâce que la vie va encore pour peu de temps leur faire partager : la dégustation d'huîtres, des fous rires d'enfants, etc. Ainsi va-t-elle apprivoiser la disparition de sa mère. Où celle qui avait porté l'autre quand elle était enfant va être portée à son tour : « Je mesure l'étrangeté de mes propos, leur naïveté aussi. Moi ta fille, je te dis que je te porte ainsi que tu m'as

12. Nancy Friday, *Ma mère, mon miroir*, Robert Laffont, 1979.
13. Noëlle Châtelet, *La Dernière Leçon*, Seuil, 2004.

toi-même portée, avec la certitude heureuse que je ne te perdrai pas. Nous serons toujours une, plus jamais deux, enfin dans la fusion sans défusion, puisque jamais je n'accoucherai de toi. Tu es en moi pour toujours… »

Ce livre d'une grande puissance révèle comment une mère et sa fille peuvent aller jusqu'au bout de la vie de l'une d'entre elles pour expérimenter ce lien si particulier.

Mais parfois le chemin est rude et si laborieux que le but ne peut être atteint. Pourtant il peut advenir avec bonheur, comme ce fut le cas pour Françoise. Elle s'engagea dans une relation amoureuse qui n'appartenait qu'à elle seule et qui lui donna l'opportunité de devenir l'objet d'amour de quelqu'un, et l'occasion de se retrouver enfin égale face à sa mère en toute maturité.

Le mythe grec de Déméter et Perséphone-Koré, « fille aux longues chevilles », image bien la phase de rupture avec sa mère que toute fille se doit de dépasser. Déméter dont le nom évoque la terre et la mère, représente un des visages de la Grande Déesse. Elle va donner naissance avec Zeus à sa fille Koré. Devenue jeune fille, celle-ci voit un jour dans un jardin un magnifique narcisse parmi les fleurs et s'apprête à le cueillir. La légende raconte que, juste à cet instant, la terre s'ouvrit et chevauchant son char de chevaux d'ombre, le dieu des enfers Hadès, frère de Zeus, enleva la jeune fille pour faire d'elle sa reine au plus profond de la terre, aux enfers. Déméter, déesse des moissons et des rites agraires, entend les cris déchirants de sa fille, devient folle de douleur et se met à sa recherche pendant neuf jours et neuf nuits sans boire ni manger, munie de torches et accompagnée par la déesse Hécate, nommée aussi Artémis, déesse de la lune, touchée par son désespoir. Elle erre ainsi de ville en ville mais malheureusement en vain et finit par déclarer que si sa fille ne lui est pas rendue, elle provoquera la stérilité de la terre qui s'asséchera, et laissera se répandre la famine. C'est là que Zeus ému par cette situation envoie Hermès son fils, messager des dieux, rencontrer Hadès au royaume des morts afin que Koré lui soit rendue. Celui-ci accepte de se séparer de la jeune fille, mais va ruser et juste avant le départ donne à manger à celle-ci un grain de grenade. Perséphone pressent quelque chose et quand elle apprend de la bouche de sa fille, remontée à la surface, qu'elle a été contrainte d'absorber la graine, elle sait que Koré, devenue Perséphone, devra retourner à nouveau au centre de la terre durant six mois de l'année. En effet, durant les six mois du printemps et de l'été, saisons des récoltes, Perséphone pourrait retourner auprès de sa mère; pendant l'autre partie de l'année, durant la phase de sommeil de la végétation, elle rejoindrait Hadès aux enfers. Et ainsi chaque année Déméter redonnera abondance et fertilité à la terre durant la moitié de l'année et la desséchera en hiver et automne, période où elle devra quitter sa fille rendue aux enfers.

Déméter symbolise la bonne mère, déesse de la moisson, de la fécondation et de la nature. Le mythe symbolise les deux phases que doit traverser toute fille dans la relation à sa mère : une phase de séparation, une autre de retrouvailles mais cette fois enrichie d'une nouvelle relation maintenant autonome. Koré, la jeune fille va devenir une femme,

Perséphone, et aura beaucoup appris dans ce royaume des ombres où elle aura souffert mais dont elle sortira grandie. La rupture avec sa mère, et la perte que cela représente, va lui permettre de se libérer de l'emprise maternelle et de trouver sa propre voie et celle de sa véritable valeur.

Pour certaines d'entre nous, l'aboutissement du chemin ne sera pas si simple. C'est parfois une autre femme qui, dans le couple, sera choisie comme partenaire pour établir une relation qui sera là pour réparer le lien abîmé à la mère. Car pour la femme qui choisit l'homosexualité, il s'agit bien de retrouver son double. Ce qui est tout à fait différent pour l'homme qui, tout à l'inverse, fuit le sexe de la femme pour choisir une relation à l'homme plus sécurisante, ayant ressenti un amour pour sa mère si puissant que le désir pour une autre en a été empêché.

> « *Freud avait raison de dire que l'homme croyant hériter de la relation au père, hérite le plus souvent du ressentiment vis-à-vis de sa mère*[14] » (Christiane Olivier).

Pères et filles

Qu'en est-il de cet autre personnage, notre père ? De celui qui, présent ou non, réel ou remplaçant, nous a guidées dans la perception que nous nous sommes faite de l'homme ? Christian Bobin lui attribue en quelques mots ce qui le

14. Christiane Olivier, *Les Filles d'Ève*, *op. cit.*

définit : « Un père, c'est quelqu'un qui représente autre chose que lui-même en face de son enfant et qui croit à ce qu'il représente : la loi, la raison, l'expérience. La société. Une mère ne représente rien face à son enfant. Elle n'est pas en face de lui, mais autour, dedans, dehors, partout. Elle tient l'enfant élevé au bout des bras et elle le présente à la vie éternelle[15]. »

J'ai le souvenir d'un bref « instant cadeau » qu'offrent parfois les rencontres de la rue ; celui d'un papa qui portait tout contre lui dans un sac Kangourou son tout-petit, de quelques mois, le visage ouvert vers le monde, qui regardait dans la même direction que son père, vers l'avant, et en toute sécurité dans ce doux corps à corps.

Tout comme le garçon se devrait d'être reçu par sa mère tel qu'il est, la petite fille devra être aimée et accueillie de la même manière par son père. C'est grâce à lui qu'elle parviendra, dans le meilleur des cas, à sortir de son cocon douillet pour s'ouvrir au monde du dehors et l'affronter dans toutes ses contradictions, ses beautés et ses laideurs. Cette situation, nous l'avons déjà vécue quand nous étions simple fœtus enroulé, le regard tourné vers notre nombril, et que nous nous sommes ensuite redressés dans notre verticalité. C'est grâce à cette présence masculine que nous pourrons réaliser que la toute-puissance de notre mère n'existe pas et qu'elle n'est pas seule à nous permettre de vivre. C'est grâce à la présence de ce tiers qu'il nous sera

---

15. Christian Bobin, *Le Très-Bas*, Gallimard, 1992.

possible de quitter cette première symbiose. C'est lui, ou celui qui le représentera au cours de notre existence, qui va déterminer la façon dont nous nous entretiendrons avec notre côté masculin.

Marie-Thérèse se donnait à corps perdu dans ses tâches professionnelles et mettait en place des défis de plus en plus importants, jusqu'au jour où elle sombra devant le poids écrasant des responsabilités qui lui avaient rompu le dos et la conduisaient à l'insomnie depuis plusieurs mois. Elle avait toujours souhaité dépasser sa honte vis-à-vis d'un père alcoolique et sans emploi qui pour elle, ne représentait pas la dignité qu'elle avait sans cesse attendue de lui. L'image de ce père faible, passif, en échec, sans consistance et désidéalisé par sa mère qui le considérait comme un lâche, avait conduit sa fille à compenser ces manques en aspirant à une forte réussite sociale. Mais toute vie affective était tant mise de côté que Marie-Thérèse n'avait jamais pu construire le couple dont elle rêvait... L'homme étant à ses yeux dévalorisé et perçu comme un « bon à rien », elle n'avait cherché jusque-là qu'à « réparer » ses incapacités avec la recherche de la réussite à tout prix.

Claire, elle, n'avait connu que « l'éternel adolescent », un père au modèle d'autorité inadéquat et dont la relation copain/copain prenait le pas sur tout le reste. Elle avait souffert pendant longtemps d'un sentiment d'instabilité, passant d'un statut professionnel à un autre, d'une amitié et d'un amour à l'autre – car l'ossature paternelle lui avait totalement manqué –, déclarant : « Comment voulez-vous que je me sente épaulée ! Mon père, j'ai l'impression qu'il a le même âge que moi ! »

L'absence peut aussi faire souffrir. Pas seulement l'absence physique comme dans les cas de divorce, de maladie ou de décès, mais celle de ceux qui n'ont pas « le temps de s'occuper de leur fille », trop pris dans le cercle d'un travail envahissant qui les prend tout entiers et les rend plus ou moins indifférents à leur entourage ou à leurs enfants.

Huguette se raconte et, même si elle a toujours su que son père l'aimait, se souvient de ces moments où elle se sentait gagnée par la plus intense des paniques quand elle était petite ; passionné de chasse, son père oubliait sa présence quand il partait avec elle et il marchait si vite qu'elle finissait par se retrouver seule en pleine forêt, alors qu'il continuait à poursuivre une proie, un oiseau ou un autre animal. Huguette se rappelle comme si c'était hier ces moments d'attente qui lui paraissaient interminables, tel le petit Poucet seul dans un espace inconnu. Ceci explique pourquoi chaque fois qu'elle rencontrait un homme, une bouffée d'angoisse diffuse la gagnait, celle d'être quittée sans raison.

Quand Aline, elle, entendait le mot « attente », quand on lui disait « attends », elle réentendait à chaque fois la promesse de son père : « Attends, je vais revenir bientôt et nous partirons ensemble. » Quand il s'est séparé de sa mère, le retour qu'elle a toujours attendu n'a jamais eu lieu.

Engagement rompu, confiance brisée, trahison, tous ces mots s'associaient à chaque situation, à chaque événement dont l'issue n'était pas immédiate, et la panique la plus aiguë faisait alors irruption.

D'autres ont vécu cette absence au travers d'une grande rupture, comme pour cette fillette qui brutalement lors de son entrée en sixième fut considérée « comme une grande » par un père dont jusque-là elle était la préférée et qui ne s'en préoccupa plus ou presque…

Un père se doit de représenter le modèle de l'autorité, de l'ordre et de la discipline. Et si ces valeurs, bien loin de tout autoritarisme et de toute rigidité, ne nous ont pas été inculquées, les difficultés à les intérioriser pour vivre et accomplir nos idéaux seront nombreuses. Dans le cas où c'est la domination qui règne, l'obéissance, l'ordre établi et le devoir représentent pour ces pères l'unique loi à laquelle personne ne peut se soustraire, car chez eux, toute trace de créativité et d'intuition est gommée.

Pour Isabelle, cela a entraîné la rébellion et elle se mit ainsi à rejoindre des bandes de jeunes délinquants ; Françoise, elle, versa de l'autre côté en devenant vis-à-vis d'elle-même d'une intransigeance similaire à celle de son père et en intériorisant sa voix pour en faire la sienne. C'est ainsi qu'elle ne cessa de placer beaucoup trop haut tout ce qu'elle entreprenait, rendant bien souvent ses objectifs inaccessibles. Avec cette enfance dénuée d'indulgence, elle ne cessa de se montrer très dure vis-à-vis d'elle-même comme vis-à-vis des autres, engageant son existence dans la voie de l'intolérance. C'est ainsi que l'on devient son propre tyran, son propre bourreau. Victime du despotisme au cours de notre enfance, nous ne faisons que devenir ensuite la notre propre, jusqu'au jour où une brutale prise de conscience liée à des événements douloureux nous aide à nous dégager de ce processus aliénant.

Dans tous les cas, qu'on devienne la rebelle ou la fille obéissante, ce ne sera toujours qu'en réaction à notre père quand il ne nous aura pas reconnue et valorisée dans notre féminité, notre intuition et notre sensibilité.

Certaines – et elles sont nombreuses, comme la psychiatre Élisabeth Kübler-Ross ou la célèbre psychanalyste Françoise Dolto, pour ne citer qu'elles – ont été capables de se dégager de cette tutelle pour s'accomplir dans la voie qu'elles s'étaient choisie et préserver en y accédant leur image masculine intérieure, au prix d'une force et d'une énergie colossales. La première dans l'accompagnement des personnes en fin de vie, la seconde auprès des enfants.

« Quand je parlais, mon père me disait toujours : "Mais enfin Françoise, c'est dangereux une imagination pareille ! C'est dangereux. Qu'est-ce que tu vas faire ?" Et moi je ne savais pas que c'était de l'imagination. Je répondais : "Pourquoi appelles-tu ça de l'imagination ?" C'est peut-être vrai[16]. » De son côté Élisabeth Kübler-Ross eut beaucoup de

---

16. Françoise Dolto, *Autoportrait d'une psychanalyste – 1934-1988*, Seuil, 1989.

mal à obtenir de son père au caractère particulièrement dominateur, bien qu'affectueux, de suivre ses études de médecine. « Il voulait qu'elle travaillât dans la librairie familiale et il refusa de l'appuyer dans ses ambitions personnelles[17]. »

Bien différent sera le parcours de ces anciennes petites filles « chéries par leur père » et mises sur un piédestal. Comme Nadine, incapable de s'identifier à une mère qu'elle jugeait falote, insipide et « bonne à tenir sa maison », mais souhaitant répondre au souhait d'un père misant sur elle pour relever la perception négative qu'il avait de sa femme. C'est ainsi que Nadine ne cessa d'établir une sorte de rivalité vis-à-vis de sa mère. Pas question de se laisser aller et de se « laisser attendrir » par des émotions mais au contraire, surtout se jeter dans l'action et la prise de responsabilité ! Telle « Athéna » déesse et fille adorée de son père Zeus, ces anciennes petites filles choisissent sans cesse de relever ce défi : plaire au père, surtout ne pas le décevoir, ne pas ressembler à sa mère et surtout la surpasser, au prix de leur véritable personne.

---

17. Anne Bancroft, *Femmes en quête d'absolu*, Albin Michel, 1991.

Tisseuses de liens

Quelle que soit notre histoire, nous sommes issus d'un père et d'une mère ; et pour devenir quelqu'un qui tient debout, nous avons ensuite la lourde et périlleuse tâche de relier, d'harmoniser et de mettre en contact en nous ces deux modèles, parfois si différents…

Lucile est née d'une lignée maternelle où tout n'était que délicatesse et vision idéale des choses, comme on peut les ressentir lors de notre adolescence quand nos idéaux sont parfois particulièrement forts, car « l'idéal de notre moi » est alors très présent à cette phase de notre vie. Disons que cette lignée portait la couleur blanche de la pureté, celle des anges… Cet espace qui flotte au-dessus de la tête, cet espace à la fois fait de spiritualité – son arrière-grand-mère avait désiré être religieuse – et d'intellect mais où la part d'enracinement avait peu de place, cette énergie qui donne corps et matérialise la pensée. Sa lignée paternelle était tout au contraire de couleur sang, le rouge de la chair, du combat, de la violence. Bouchers de père en fils et sur quatre générations, des événements particulièrement violents étaient d'autre part intervenus chez ses aïeux, notamment des crimes et des incarcérations.

Il a fallu que Lucile au cours de son travail personnel tende à trouver en elle ce pont reliant ces deux rivages si éloignés l'un de l'autre. Elle se sentait souvent comme coupée en eux, éprouvait beaucoup de douceur pour elle et les autres, l'exprimant dans son art, la peinture, où elle faisait pleinement parler son intuition. Mais celle-ci bien souvent l'empêchait de se positionner de façon ajustée lors d'attaques ou d'agressions extérieures car la solidité lui manquait. Aussi pouvait-elle fréquemment devenir au contraire agressive « sans aucune raison », comme son père, laissant alors émerger d'elle un côté « coupant », « décapant » comme elle le disait. Elle dut relier en elle toutes ces facettes opposées et disparates, ce qui lui permit d'évoluer même au sein de son art qui se « posa » et s'enracina plus fortement. Comment faire si l'on n'est qu'un pur esprit flottant sans avoir les pieds sur terre grâce auxquels des traces matérialisées du monde des idées subsistent ? Ce sont bien ces empreintes qui seront les seules à subsister quand nous disparaîtrons, sous forme de lettres, de petits objets aimés, de photos, de livres ou de chansons… Sans elles, aucune réelle présence n'est possible, les idées sans leur concrétisation s'évaporant dans l'air comme des bulles…

Ainsi nous construisons-nous à travers chacun de ceux qui nous ont mis au monde, comme nous gardons aussi des traces de l'un et de l'autre, dans ces traits de ressemblance que nous retrouvons sur notre visage. Ainsi celles qui me surprennent souvent quand mon regard croise le miroir : un peu de ma mère dans le regard, du temps de sa jeunesse, mêlé au temps présent, alors qu'il y a quelques années cela ne m'apparaissait pas, ou si peu ; un peu de mon père pour le bas du visage et autres menus détails ; les uns ayant pris le pas sur les autres à certains moments de mon existence, chacun à leur tour. Ces traits qui, face au visage de ma mère maintenant très âgée, me permettent d'entrevoir quelle femme je deviendrai quand mon tour sera venu…

Le conte suivant, *La Jeune Fille courageuse,* qui nous vient du Tadjikistan, pays longeant l'Afghanistan et la Chine, illustre fortement cette alliance interne, et comme le font tous les contes, nous touche dans une de nos dimensions les plus profondes.

> *Il était une fois un vieil homme qui devint aveugle et tomba malade, mais le médecin habite malheureusement dans une contrée très éloignée. Le vieil homme, qui n'a plus que trois filles, est convaincu que seul un fils peut lui rapporter le remède. Pourtant l'aînée décide de remplir cette tâche et de se déguiser en homme. Découragée en cours de route par une vieille femme malade, elle rebrousse chemin et rentre chez elle, tout comme sa sœur cadette, qui rencontre la même vieille femme qui lui prédit aussi qu'elle périra comme tous les jeunes hommes qui sont allés à la recherche du remède, et qui revient chez son père. Malgré les supplications de son père, la plus jeune des trois filles décide de partir. Elle rencontre la vieille femme qu'elle aide à se nourrir et à se laver. Mais celle-ci lui prédit aussi malheur car un jeune homme aussi attentionné ne pourra réussir à relever un tel défi.*

La jeune fille ne se laisse pas décourager devant ses prédictions et décide de continuer son chemin ; la vieille femme lui révèle alors le moyen de trouver la potion pour son père, qui possède un secret : pour le fabriquer, il faut utiliser les graines des fruits d'un arbre qui soignent, mais qui sont en possession d'un monstre effrayant à trois têtes nommé le Dev. Il est entouré d'animaux et de servants avec lesquels elle devra se montrer très aimable avant que de cueillir les fruits. La vieille femme pour l'aider lui donne trois moyens de protection : un peigne, un miroir et une pierre à aiguiser.

À son arrivée chez le monstre, la jeune fille rencontre des chiens et des chevaux attachés à une chaîne, qu'elle se met à nourrir. Puis des servantes aux bras couverts de brûlures par les cuissons au four des repas du Dev. Elle leur confectionne alors des manches pour les en protéger. En échange de sa gentillesse, ces servantes vont lui révéler que les graines de l'année précédente se trouvent sous l'oreiller du monstre. Elle parvient à les lui dérober durant son sommeil, mais quand il s'aperçoit du vol, il ordonne aux animaux et aux servantes de se lancer à la poursuite du voleur, qui, touchés par la gentillesse de la jeune fille, refusent d'obéir à l'ordre donné ; c'est le Dev lui-même qui se met alors en chasse. La jeune fille, comme lui avait dit de faire la vieille femme en cas de danger, jette par-dessus son épaule la pierre à aiguiser et celle-ci se transforme en montagne. Puis elle fait de même avec le peigne qui prend la forme d'une forêt très épaisse qui coupe la route au Dev.

Elle parvient enfin chez le médecin. Celui-ci lui remet le remède et la moitié des graines, touché par le courage du jeune homme. Il l'invite chez lui et c'est là qu'il découvre alors sa véritable identité. Mais il ne peut croire qu'une fille ait pu se montrer aussi valeureuse. Il décide donc de la soumettre au test suivant : des chrysanthèmes seront mis sous l'oreiller de la jeune fille et de son fils qui dormiront dans la même chambre. Si les fleurs se fanent, cela signifiera que le héros est une femme ; si c'est au contraire un jeune homme, les fleurs seront toujours aussi belles.

La jeune fille a alors recours à un stratagème : elle décide de couper des fleurs fraîches avant que le jour ne se lève pour remplacer celles qui se sont fanées sous son oreiller. Le fils du médecin, intrigué par l'attitude de la jeune fille, et ayant discrètement suivi ses pas, en fait de même de son côté. Et c'est ainsi que le médecin découvre au matin de magnifiques fleurs fraîches sous les oreillers.

Ils partent tous ensemble retrouver le père de la jeune fille. La potion guérit le vieil homme qui bénit sa plus jeune fille de l'avoir sauvé et qui reconnaît qu'elle a valu bien mieux que plusieurs fils à la fois. Et comme le conte se termine bien, la jeune fille épouse le fils du médecin.

Ce conte nous enseigne comment relier en nous ces deux facettes et parvenir à n'en faire qu'une. Comment apprendre à passer tout au long de notre vie d'une rive à l'autre ; de la douceur à la rigueur, de l'intuition à la logique, de l'émotion à la pensée. Que l'on soit homme ou femme, nous avons tous à construire ce pont, car chacun de nos parents ou de ceux qui ont pris leur relais, aussi semblable soit-il à l'autre, possède toujours sa spécificité.

Ici, le père malade ne peut concevoir sa fille capable de bravoure et par le manque de confiance qu'il lui accorde, la jeune fille doit se déguiser en homme, seul moyen de parvenir à son estime. Un peu comme ce fut le cas durant la période de féminisme où les femmes désiraient s'affirmer. Mais dans cette histoire, les filles sont malgré tout pourtant prêtes à affronter les obstacles et l'une d'elles y parvient. Son courage, vertu attribuée en général aux hommes, va être enfin reconnu et elle va l'associer à la bonté qui se réclame davantage de la féminité. En alliant ces deux pôles en elle et en les intégrant l'un à l'autre, elle acquiert la capacité de guérir et va venir en aide aux femmes dont les bras meurtris empêchent toute action libre et les réduisent au statut de servantes soumises. Elle va leur permettre d'aborder enfin le monde et d'agir. Grâce au miroir, il lui est permis de se regarder en toute clarté et grâce la pierre à aiguiser, ses outils deviennent plus efficaces.

Mais son chemin ne s'arrête pas là et elle va continuer courageusement sa tâche, comme chaque fois que nous désirons ne pas retomber dans d'anciens schémas de dépendance. Ceci risque malheureusement d'arriver si notre vigilance nous quitte un instant, laissant l'endormissement gagner très rapidement du terrain. Ainsi va-t-elle se trouver soumise au test du médecin, toujours sous les traits d'un homme, comme toute femme se doit de laisser agir son côté masculin, hérité de son père de manière plus ou moins harmonieuse, pour accomplir des actes. Pleinement consciente pourtant de sa fragilité comme le symbolisent les fleurs fanées, elle va néanmoins parvenir à « transformer » celles-ci en fleurs fraîches, grâce à son intuition féminine, qui lui a permis de sentir la présence d'un piège. Ainsi a-t-elle pu allier, et c'est ce que nous révèle ce conte, la force et l'efficacité à la tendresse et à l'intuition, et relier toutes ces valeurs véhiculées par nos pères et mères en nous.

J'ai dû bien sûr moi aussi m'efforcer, et je m'y efforce encore, d'unir ce qui distinguait ceux qui m'ont donné la vie ; différences sans doute là pour se compléter, mais ouvrant parfois au cours de mon existence des voies plus ou moins faciles. Je me suis souvent vue, dans certaines circonstances, réagir comme aurait pu le faire ma mère ou, au contraire, adopter l'attitude de mon père, parfois tout à fait autre. Mais au fur et à mesure des années, j'ai réalisé que ces réactions n'étaient parfois pas forcément les miennes, entraînant des difficultés que j'aurais pu éviter si j'étais sortie de la confusion de ce qu'ils étaient et de ce qu'était ma réelle personne. À d'autres moments au contraire, avec le temps, j'ai ressenti en moi le lien qui existait entre ce qui me venait d'eux et ce qui foncièrement m'appartenait, et qui pouvait se trouver selon les circonstances en harmonie grâce à une subtile alchimie intérieure.

D'une rive à l'autre

Tant de paramètres entrent en jeu dans notre histoire personnelle que nous penchons soit davantage vers la mère douce et chaleureuse au détriment de l'autre pôle, soit vers la face plus rationnelle, où un système logique l'emportera de manière plus ou moins implacable sur les émotions.

Myriam avait vécu dans un contexte où son père tenait depuis toujours les rênes de la maison, « chef de famille » au sens plein du terme, face à ses cinq enfants et à sa femme, totalement soumise. La jeune femme avait donc eu deux repères opposés. Elle avait opté pour le modèle de sa mère et retrouva une situation identique dans son couple, abandonnant entre autres son métier d'infirmière et reproduisant l'exemple féminin qu'elle avait jusque-là toujours connu.

Il va sans cesse s'agir de la quête de notre centre dont la croix est le symbole, celui de la synthèse et de la mesure. « En elle se joignent le ciel et la terre… En elle s'entremêlent le temps et l'espace… Elle est le symbole de l'intermédiaire, du médiateur, de celui qui est par nature rassemblement permanent de l'univers et communication terre/ciel de haut en bas[1]. » Une croix sur laquelle le psychanalyste Jung a fondé son approche de l'homme avec le haut qui symbolise notre conscience, le bas notre pôle inconscient

1. Jean Chevalier, Alain Geerbrant, *Dictionnaire des symboles*, Robert Laffont, 1994.

(individuel ou « collectif ») ; où la gauche se relie à notre passé comme à notre mère, et la droite à notre avenir ou à notre père.

Nous avons aussi à renouer par l'intermédiaire de notre corps avec l'avant et l'arrière, tout ce qui constitue l'espace et l'ensemble de ses directions, comme le recherche le yoga dans ses diverses postures qui visent à nous relier à notre centre. Car notre corps se met lui aussi à parler, quand il n'a pas été écouté dans ses exigences et ses besoins fondamentaux.

Mais à cette croisée des chemins, tout n'est pas facile et l'harmonie n'est pas souvent au rendez-vous ; d'autant plus que tout ce travail de lien, déjà ardu en lui-même et qui demande une extrême patience, est loin d'être facilité à l'heure actuelle, où la part féminine a du mal à garder sa place face à la consommation, à la conquête matérielle et au pillage de notre planète ; comme si pour s'affirmer, il fallait déserter son monde intérieur.

Dans l'univers, tout était à l'origine relié avant que la grande séparation n'intervienne entre le ciel et la terre, et que nous aussi les humains nés androgynes ne nous séparions en deux, perdant ainsi notre puissance. Le mythe platonicien déclare que l'être humain était une étrange créature aux deux visages et aux huit membres. Et lorsque les êtres bisexués décidèrent de renverser les dieux, Zeus les punit et les sépara en deux. Depuis, dit ce mythe, chacun est à la recherche de cet état d'unicité d'antan, cette quête dont la représentation est celle du désir de la rencontre sexuelle.

La mythologie nous a montré elle aussi la présence abondante de divinités hermaphrodites au travers de diverses religions, avant que l'homme et la femme ne portent leurs différences.

Si les hommes se mettaient à reconnaître leur sensibilité intuitive, ne toucheraient-ils pas sans peur leur monde intérieur ? Si les femmes parvenaient à intégrer leurs capacités rationnelles, ne réussiraient-elles pas à se réaliser concrètement, pleinement et sans appréhension ? Et l'union dans la différence ne deviendrait-elle pas possible ?

Depuis fort longtemps, cette double présence au fond de chaque être a rempli les pages des livres. En tant que femmes, si nous sommes à la recherche de notre âme, c'est aussi dans la matière que nous sommes ancrées. Car nous savons de quoi sont faits les corps, avec notre sang qui coule chaque mois, avec les excréments et les vomissements de notre enfant dans lesquels nous avons naturellement plongé les mains pour le réconforter et lui apporter bien-être. La matière ne peut plus nous faire peur au travers des tâches quotidiennes qui sont part entière de la vie. Et pour accéder au contact de la vérité du monde, nul n'est besoin pour les femmes d'aller batailler, que ce soit à la guerre ou dans une entreprise. Celles qui ont choisi d'œuvrer auprès des malades dans les hôpitaux, les aides-soignantes ou les infirmières, loin des belles idées et des pures images abstraites, ces femmes-là sont bien au cœur de la vie.

Déjà le *Yi King*, le livre taoïste chinois de la sagesse, développait l'image du cosmos et de la vie humaine comme reposant sur nos deux polarités, lesquelles, en harmonie, deviennent source de créativité. Ce ying et ce yang sont représentés par le ciel et la terre. « Le ciel, en haut, se retire toujours davantage, et la terre, en bas, s'enfonce toujours davantage dans les profondeurs. Les forces créatrices ne sont pas en relations mutuelles… Le ciel et la terre n'ont plus de commerce l'un avec l'autre et toutes choses se figent. Le haut et le bas n'entretiennent plus de relations mutuelles ; la confusion et le désordre règnent sur la terre[2]. »

Ce n'est que lorsque la pénétration réciproque du ciel et de la terre s'opère, dit toujours le *Yi King*, que l'harmonie intervient et c'est grâce à la conjonction des opposés que la fécondité a lieu. Comme le représente aussi le symbolisme cosmique et rituel très familier pour l'Inde, basé sur l'union de Çiva et Shakti, ces deux entités indistinctes l'une de l'autre, l'une étant l'autre.

On retrouve ces deux pôles au niveau de nos deux hémisphères, le cerveau gauche et le cerveau droit possédant chacun sa spécificité dans une totale complémentarité. Serge Ginger le décrit ainsi : « L'hémisphère gauche est surtout verbal, logique, analytique et scientifique, tandis que l'hémisphère droit est muet, spatial, analogique, synthétique et artistique ; l'hémisphère gauche

2. Richard Wilhelm, Étienne Perrot, *Yi King : le livre des transformations*, Librairie Médias, 1973.

régit l'orientation dans le temps, l'hémisphère droit dans l'espace[3]… » « C'est, l'affirme aussi le professeur Israël, par l'hémisphère droit que l'homme parvient à la perception d'une transcendance. » Ou comme l'exprime Annick de Souzenelle : « Le savoir acquis par l'extérieur et qui demande un grand effort de mémorisation est œuvre du cerveau gauche. La connaissance acquise par l'intérieur et immédiatement mémorisée dans chaque cellule du corps qu'elle illumine est œuvre du cerveau droit[4]. »

Il est dit que les petites filles réussissent mieux aux tests verbaux, alors que les garçons sont plus efficaces aux épreuves logico-mathématiques privilégiant le cerveau gauche. Les jeunes filles porteront davantage leur choix sur les métiers fondés sur le dévouement aux autres, alors que les garçons de leur âge se dirigeront de manière plus pragmatique vers des filières promettant des salaires conséquents ou des possibilités d'évolution hiérarchique.

Dans une société qui favorise le côté scientifique des études – ne dit-on pas fièrement « il ou elle est en terminale S » ? –, notre hémisphère droit n'aurait-il pas tendance à se paralyser ou tout du moins à s'endormir ? Ce système bien souvent semble le reléguer au second plan et laisse en veilleuse nos réelles capacités créatrices. Selon Annick de Souzenelle, c'est « la masculinisation des écoles » qui tend à déformer la petite fille, tout comme le petit garçon.

---

3. Serge Ginger, *La Gestalt, une thérapie du contact*, Hommes et groupes, 2003.
4. Annick de Souzenelle, *Le Féminin de l'être*, Albin, Michel, 1998, coll. « Spiritualités vivantes ».

Pourtant cette harmonie est nécessaire, faute de quoi c'est l'analyse matérialiste qui persistera avec la domination des techniques ou son contraire, l'absence de contrôle et l'immersion nocive dans un monde intuitif qui pourrait nous noyer et nous conduire à la confusion ou la folie. Si nous parvenions à nous unifier, nous nous montrerions tout à la fois stables, solides et efficaces, mais aussi aimants et chaleureux, épanouis et pleins de tendresse pour la nature, les enfants et les animaux. Nous pourrions mettre cet esprit au service d'idées sensibles et raffinées, tout en gardant notre caractère fort et bien ancré.

Je sais que ce n'est qu'en laissant vivre et s'exprimer ces deux parts de moi-même que j'ai pu féconder mon travail d'écriture. Je sentais bien depuis quelques années que quelque chose me manquait, que je possédais certaines richesses, comme nous en possédons tous, mais qu'elles restaient à l'intérieur de moi, bloquées, mises sous cloche sans se matérialiser. Puis la nécessité d'écrire s'est fait ressentir. Et ce n'est que lorsque ce besoin est parvenu à terme dans la réalisation de mes ouvrages, que les phrases de Clarissa Pinkola Estes ont pris tout leur sens. En parlant de ce qu'elle appelle l'*anima* et l'*animus*, pour reprendre les termes de C.G. Jung, elle écrit :

> « *On peut aussi imaginer que la Femme sauvage, l'âme soi est l'artiste, et l'*animus *le bras droit de cette artiste. […] Sans lui la pièce se crée dans la seule imagination, sans jamais s'écrire ou se jouer. Sans lui la scène peut être pleine à craquer, le rideau ne s'ouvrira jamais et les*

> *projecteurs ne s'allumeront pas... L'*animus *fait donc un va-et-vient entre deux territoires et quelquefois trois : le monde souterrain, le monde intérieur et le monde extérieur... Cette force a la capacité d'extravertir et d'agir les désirs du moi, de mener au-dehors les impulsions et les idées de l'âme, de rendre concrète, manifeste, la créativité de la femme*[5]. »

Il permet de créer, mot qui vient du latin *creare* qui signifie « donner l'être, la vie, réaliser quelque chose qui n'existait pas encore », d'après la définition du Robert, cette capacité à inscrire l'inspiration au sein de la matière. Et c'est ce dont je pris conscience une fois mes ouvrages publiés, quand je pus donner une forme concrète et extérieure à ce que je possédais en moi, au fond de mon ventre, tel un embryon à faire naître.

Ce lien entre le monde du dedans, la mère et son giron, et le monde du dehors, le concret, doit s'établir pour que notre énergie puisse prendre corps. Si elle ne se pose pas, si elle ne s'enracine pas, si elle ne prend pas forme dans la matérialité, elle va se perdre, un peu comme dans le ciel, les nuages se désagrègent pour disparaître totalement. Nos idées ne sont qu'un véhicule. Si nous ne le mettons pas en marche, si nous en restons à cette étape et que nous nous y arrêtons, ces belles idées perdent leur qualité ou en tout cas elles ne servent pas à grand-chose, puisque l'on ne peut pas les faire partager ni leur faire prendre corps dans le monde du palpable.

---

5. Clarissa Pinkola Estes, *Femmes qui courent avec les loups*, Grasset, 1996.

Les femmes blessées que je suis si souvent amenée à rencontrer, qui se sont senties englouties dans des instants de malaise ou de franc désespoir, n'ont-elles pas tout simplement oublié de développer de façon harmonieuse cette part d'elles-mêmes, celle qui nous permet de mettre en forme, de concrétiser notre richesse intérieure, nos intuitions, nos valeurs profondes qui sans cela resteraient dans les souterrains obscurs à nous en étouffer ? Et nombreuses sont celles qui désirent faire naître ce quelque chose d'elles et qui malheureusement disent : « Mais je ne sais pas comment m'y prendre. »

Certains hommes qui n'auront pas suffisamment développé en eux leur pôle d'affirmation, n'en resteront toujours qu'au stade de projets et n'aboutiront jamais à une quelconque réalisation. Il en sera de même dans leurs relations amoureuses où l'engagement, la concrétisation dans le monde de la réalité extérieure ne pourra se faire. Un peu comme si leur sentiment ne revêtait, lui aussi, qu'une forme éthérée.

Comme me l'a révélé Yves, l'homme lui aussi peut créer quand s'harmonise en lui ses deux pôles. Il dut se montrer capable de laisser tomber sa cuirasse de « mâle » pour laisser couler des larmes depuis si longtemps retenues. Le jour où pour la première fois Yves put se laisser aller à ses pleurs, il se sentit retrouver sa part d'humanité, celle qu'il ne touchait plus depuis de longues années, tout identifié qu'il était à son père, un homme « dur » qui ne s'épanchait jamais.

En brisant en lui un barrage, il fit sauter dans le même temps le mur de silence qui s'était installé entre lui et sa femme – ce qui les avait, entre autres, tous deux amenés à une démarche en couple devant la difficulté de dialogue qui perdurait entre eux. En s'autorisant à laisser surgir sa sensibilité jusque-là verrouillée à l'extrême, il avait réussi à faire circuler à nouveau une communication entre eux. Ce fut une très belle séance où beaucoup de larmes furent versées, d'abord dans la douleur pour devenir ensuite l'expression d'une très grande joie pour ce couple qui, au bout de tant d'années, commençait à se retrouver. Si Yves ne s'était pas autorisé à lâcher son système de défense, à accueillir la douceur de ses sentiments et la face féminine de sa personne, rien de tout cela n'aurait sans doute eu lieu.

Pour Martin, la traduction visible de son cheminement avait pris la forme d'un bel objet qu'il avait confectionné avec grande patience : une sculpture en bois représentant son centre, son axe, autour duquel gravitait une sorte de boule délicate, sous la forme d'arceaux, l'univers qui nous entourait et qui intervenait lui aussi dans notre destinée.

Ces idées de deux pôles complémentaires sont aussi symbolisées par la lune et soleil. La lune, qui eut toute son importance au temps où elle était la seule source de lumière durant la nuit, représente nos forces instinctives et souterraines, celles de la féminité, tout comme elle incarne la divinité de la nature. Directement reliée au changement, chaque soir elle apparaît un peu plus tard, et tous les mois elle disparaît pour renaître. Le soleil, lui, symbolise au contraire la lumière et la raison, le « roi soleil » en étant la représentation terrestre.

Comme le dit la chanson, « le soleil a rendez-vous avec la lune » ! Et peu importe en fin de compte ce que représente l'un ou l'autre pourvu qu'ils soient l'un et l'autre perçus dans leur totale complémentarité. Du reste, dans les langues celtiques et germaniques, le soleil possède un caractère féminin, et la lune un qualificatif masculin !

Madeleine Chapsal résume tout cela en quelques lignes :

> « *Je suis convaincue qu'il y a une différence entre les hommes et les femmes. Elle tient à leur génie : il existe un génie masculin et un génie féminin. Ils ne sont pas du même ordre… Pour ce qui est du génie féminin […] pour moi c'est celui de la civilisation menée jusqu'à son terme. La fin des guerres, de la rivalité, des cruautés, la recherche du bonheur en général… La paix est l'apanage des femmes. Leur désir le plus cher*[6]. »

C'est vrai que depuis si longtemps nous n'aspirons qu'à des joies simples, qu'à unifier ce qui est séparé. Peut-être tout simplement parce que nous avons été exclues des jeux de pouvoir et n'avons pas pu y perdre notre âme, ce « féminin de l'être ». Mais ce travail de lien qui prendra une grande part de notre existence ne sera pas le seul. S'y ajoute

---

6. Madeleine Chapsal, *La Femme qui est en moi*, Fayard, 1996.

celui qui concerne notre monde intérieur avec celui de l'extérieur. Et le tissage continue, cette fois entre notre monde imaginaire et la réalité, notre univers personnel et celui du concret. Nous avons commencé à l'expérimenter quand nous étions toutes petites lors de nos jeux, qui servaient d'espace intermédiaire entre ces deux univers et qui nous permettaient d'accepter progressivement la réalité telle qu'elle était et non telle que nous la souhaitions. Cette aire « transitionnelle » (cf. Winnicott) du jeu, reposante, nous permettait la prise de recul, celle « qui donne à l'individu le sentiment que la vie vaut la peine d'être vécue ». Là est l'essence même de la créativité.

Nous aurons sans relâche à établir ce pont entre notre subjectivité et la réalité palpable, faute de quoi nous risquerons de sombrer dans la folie, celle qui gagne ces êtres incapables de rester enracinés dans la vie concrète mais qui ont plongé dans les méandres de leur univers interne en se coupant de l'extérieur et de ses repères.

Tout est lien, comme ce fil qui nous relie les uns aux autres au cœur des diverses générations dont nous ferons plus tard l'expérience quand nous serons nous-mêmes parents, nous retrouvant au carrefour entre nos propres parents et nos enfants. Des ruptures pourront advenir entre les générations et amener à quitter l'illusion d'une famille sans faille. Dans ce cas, il s'agira simplement de chercher sa place dans cet imbroglio, sa place dans cet entre-deux au sein de trois générations, où une femme peut se trouver à la fois elle-même mère et fille, prise dans un conflit.

C'était le cas de Jeanine. Elle assistait depuis si longtemps à des alliances et des mésalliances, des ruptures et des retrouvailles à répétition entre ses enfants, leur belle-mère (la seconde épouse de leur père), la compagne de l'un de ses fils et les grands-parents de celui-ci, ses parents à elle… Lasse de garder le silence pour tenir le recul qu'elle estimait nécessaire, elle se sentit atteindre les limites de sa neutralité au cours d'un nouveau conflit et réalisa que pour respecter la personne qu'elle était, il lui fallait sortir d'un silence qui commençait à l'abîmer de l'intérieur, un silence dans lequel elle comprenait qu'elle se niait. Mais cela ne se fit pas dans la facilité.

Celles qui nous ont précédées…

> « *Debout sur la proue du navire, je sais derrière moi votre foule dense, depuis si longtemps soumise au silence de la mort. […] Déjà le vent emporte vos noms. Déjà mon ignorance n'est plus en mesure de vous les rendre. Et pourtant votre foule bienveillante est là. […] Je vous perçois, je vous entends, murmure de forêts, hommes et femmes dont je suis pour un temps la porteuse de mémoire… Merci à vous de n'avoir pas laissé se rompre la chaîne, se dénouer le cortège de la loyauté qui vient du fond des temps et va disparaître à l'horizon… Je vais sous peu rejoindre votre troupe immense et m'y fondre. Et je vous dis merci de m'avoir un instant dans la traversée de l'éternité permis d'être votre figure de proue. Car un court instant*

interminable, en votre nom à tous, j'ai éperdument aimé vivre[7]. »

Notre existence passe toujours trop vite à nos yeux, mais se prolonge à travers les siècles. Comme ce fut le cas pour nos aïeules, grands-mères, arrière-arrière-grands-mères qui nous ont précédées, la vie se perpétue grâce à nous, puis nos enfants continueront.

Dès l'âge de trois ou quatre ans, on se pose des questions, désirant savoir comment nous sommes venues au monde. Puis vers sept-dix ans, une fois acquise la notion du temps, on cherche à savoir ce qui nous a précédées et dont l'univers de nos rêves garde la mémoire.

Sans nos aïeules, nous ne serions pas là. Nous ne serions sans doute pas non plus ce que nous sommes, ce bout de chaîne qui poursuit son parcours avec ses joies, ses peines, et ses secrets parfois pesants… Car prises dans les entraves de leur histoire, certaines devront « éponger » les traces douloureuses de ceux et celles qui les ont devancées.

Il m'arrive quelquefois de penser à ces arrière-grands-mères avec tendresse ; de me surprendre à regretter de ne pas les avoir connues pour échanger avec elles ; car bien souvent nous n'en savons que peu de choses, des bribes réduites à de petits morceaux de leur personnalité, ou moins encore. Nous pouvons, par hasard, découvrir ce fameux « processus de répétition », celui qui nous pousse à

7. Christiane Singer, *Éloge du mariage, de l'engagement et autres folies*, Albin Michel, 2000.

agir de la même manière que le firent certaines de nos ancêtres, telle Nadège qui rêvait depuis qu'elle était toute petite de travailler la dentelle comme son arrière-grand-mère. Comme j'ai sans doute « hérité » de mes deux grands-mères mon besoin de rire. Je me souviens de leur gaieté malgré les épreuves qu'elles ont pu traverser, et que je retrouve dans d'anciens courriers qu'elles m'écrivaient quand j'étais enfant.

Il y a très peu de temps, ma mère retrouva des lettres de ma grand-mère. L'une d'entre elles me toucha tout particulièrement car elle faisait référence à une époque de mon adolescence. Ma présence dans une classe de collège me paraissait alors être « accidentelle », mon sentiment de différence dans ce cadre scolaire étant pour moi à ce moment-là source de gêne. « Ton problème, disait ma grand-mère, est celui du pied qui a grandi et ne peut plus entrer dans une chaussure suffisamment portée et qui est devenue trop étroite. La solution pourrait être de la mettre de côté. Mais on ne peut pas marcher pieds nus. Il faut donc mieux y faire quelques ouvertures qui nuisent à son esthétique mais la rend plus supportable. Il en est ainsi pour l'esprit qui a besoin de s'échapper d'une gangue qui n'est plus à sa mesure alors qu'il doit s'y mouvoir encore. » Quels mots empreints de sagesse m'ont été ainsi légués !

Mais nous sommes tout aussi capables de rejouer le même scénario sur des modes plus graves et moins anodins, comme celui des maladies, des accidents ou autres drames, bien souvent en lien avec des secrets de famille. Ainsi, certaines revivront des mésalliances, entre grands-parents et petits-enfants, réalisant un peu plus tard que cela s'était effectivement déjà produit pour leurs propres grands-parents, eux aussi coupés de leur petit-fils ou petite-fille, par des conflits ayant engendré ces drames qui conduisent une famille à se construire en « clans ». Oui, nous traînons tous derrière nous des valises qui nous prennent dans leur propre piège.

Mais c'est à nous que revient la mission de s'en dégager même s'il n'est pas toujours aisé de se sortir de ce cahier des charges. C'est à nous de faire le tri entre ce qui nous appartient et ce qui fait partie de notre patrimoine. Sortir de la répétition est toujours possible, même si le passé ne peut être gommé.

Combien de non-dits ne se sont-ils pas aussi accumulés nous éloignant de la connaissance du passé… Ces non-dits qui imprégnaient les générations passées et qui sont, semble-t-il, remplacés à l'heure actuelle par la tendance inverse, cet exhibitionnisme qui est étalé sur tous les plans, celui de notre corps ou de nos émotions intimes, dans le domaine médiatique de la télévision ou du cadre judiciaire. De façon tout aussi excessive que le silence d'antan, toute l'intimité est donnée à voir dans ses plus petits détails, y compris dans des moments qui n'appartiennent qu'à nous seuls. Un peu comme si l'intimité indispensable à notre bonne construction était sur le point de nous être ôtée.

Femmes symboliques

Le corps de la femme, porteur de vie, a donné lieu à de nombreux symboles. C'est lui qui contient, qui « fait naître » ; c'est lui qui vit en harmonie avec le rythme naturel de la lune. Les Indiens disent du reste « être dans ses lunes » et non « avoir ses règles »[1]. Il est semblable au vase qui illustre bien la matrice, au cercle qui représente la forme la plus pure, la plus simple et capable de contenir le plus de choses, la première figure qu'un petit enfant dessine. C'est une forme qui se répète indéfiniment dans la nature. Il est le réceptacle du futur être humain et symbolise la continuité, celle du commencement et de la fin, de la naissance et de la mort.

Par son corps qui reçoit, la femme est avant tout nourricière. Elle peut nourrir un corps, une âme, une civilisation ou une communauté. Si elle n'a rien à nourrir, elle perd en quelque sorte son véritable sens. Elle est là pour préserver la vie. D'où ce statut de mère qui est glorifié chez elle et qui lui fait parfois croire qu'il faut s'y donner tout entière et renoncer à elle dès l'arrivée au monde de son enfant.

D'où tous les symboles qui la représentent : la terre, l'urne, le vase, la montagne, l'eau, la pluie… C'est la mère

1. Maude Séjournant, revue *Nouvelles clés*, printemps 1997.

nourricière créatrice de vie comme de mort, et tout comme la terre son corps fertilise et produit l'enfant comme la terre ses plantes. Comme elle, elle accueille la mort, comme elle devrait accepter avec sérénité la vieillesse et la solitude.

La femme dans les mythes

C'est grâce à l'univers des légendes et des mythes qui nous relatent la création des dieux que nous plongeons dans un monde qui nous touche en profondeur. Ces dieux possèdent les mêmes faiblesses et sentiments que nous autres les humains, jalousie, colère, amour, et représentent ainsi une part de nous-mêmes où nous pouvons retrouver nos propres travers. Du grec *muthos* dont la racine latine *mutus* signifie « bouche close », le mythe composé d'éléments divins désigne donc tout ce qui nous est enseigné dans le silence, tout ce qui a affaire avec l'inexprimable, au moyen d'un récit qui nous semble bien ordinaire. Et c'est pourtant sous une apparence quelconque qu'il s'adresse aux sages capables d'en décoder le sens caché.

Les grandes déesses en font partie et représentent la face la plus archaïque de la femme, celle de l'énergie créatrice que toutes portent en elles et qui préside à tout ce qui touche à la fertilité et à la fécondité. Certaines annoncent parfois d'abominables catastrophes, notamment quand la terre mère, leur lieu d'origine, est malmenée ou que nous sommes en désaccord avec la nature. « Nous nous mettons à l'unisson d'une tendance créative puissante qui a formé notre univers du plus petit flocon de neige jusqu'à la plus grande des galaxies, depuis la plus modeste amibe jusqu'à la personne la plus sensible et la plus douée[2]. »

C'est là que la terre « se venge », comme en ces temps actuels, semble-t-il.

Mais quelles qu'elles soient, toutes ces figures sont là pour refléter nos différentes facettes, celles que nous avons tant de mal à relier et qui cohabitent en nous.

La déesse mère, la *magna mater*, la déesse terre, nous ramène à cette essence sauvage, celle de tous les mythes féminins de la Création. C'est elle qui vient de la mer, en lien avec l'eau, source première. C'est elle qui appartient au monde animal et se doit de retrouver sa force vitale et puissamment instinctive. Celle de la Loba, cette femme-louve d'un conte mexicain, dont parle si puissamment Clarissa Pinkola Estes[3]. La femme comme la louve ont en commun, dit-elle, « les sens aiguisés, l'esprit ludique et une aptitude extrême au dévouement »; « les loups savent s'adapter à des conditions perpétuellement changeantes ».

Comme le souligne Joëlle de Gravelaine avec une anecdote pleine de fraîcheur et d'humour, tous les enfants sentent instinctivement que la terre, comme la Loba, fait naître, enterre et redonne vie. Comme ce petit garçon de quatre ans très jaloux de son petit frère qu'il avait essayé de passer par la fenêtre : « Comme ça il aurait été mort, on l'aurait mis dans la terre et le temps qu'il repousse j'aurais été tranquille[4] ! »

---

2. Carl Rogers, *Le Développement de la personne*, Dunod, 1984.
3. Clarissa Pinkola Estes, *Femmes qui courent avec les loups*, *op. cit.*
4. Joëlle de Gravelaine, *La Déesse sauvage. Les divinités féminines*, Dangles, 1993.

C'est elle qui perpétue cet éternel cycle mort/renaissance, comme celui du cycle végétal ; c'est elle qui ramasse les os pour retrouver la vie, comme Artémis, la déesse Louve, la chasseresse et sa meute, incarnant la vie de la nature et en exigeant le respect. Protectrice des forêts et des bêtes sauvages, elle l'était également de l'intégrité des femmes dont elle présidait les grands événements de la vie en apportant protection aux accouchées.

La femme c'est aussi la chouette, celle qui voit dans la nuit, tout comme la chatte dont les yeux brillent dans l'obscurité. Tous sont des animaux à la part instinctive et non domestiqués, puissantes figures liées au monde du primitif et de l'irrationnel.

C'est le serpent, celui qui s'est caché dans notre cerveau « reptilien », le plus élémentaire, celui qui réagit primitivement à nos peurs et à nos angoisses ; ce symbole qui était associé à de nombreuses déesses – telle Isis en Égypte –, et qui incarne la mort et la renaissance avec sa mue ; il change de peau quand il se trouve trop à l'étroit dans la précédente. « Quelque chose en nous se souvient de ce que nous avons été avant d'accéder à l'état humain, de notre état de reptile, de saurien, d'oiseau peut-être[5]… »

Cet animal possédait autrefois un caractère sacré et était nourri dans les temples. On dit du reste que les prêtresses qui souhaitaient parvenir à leur don de clairvoyance absorbaient des breuvages comportant leur venin, car celui-ci,

---

5. *Id.*

une fois que le corps en est immunisé, peut provoquer les effets d'un hallucinogène et non plus d'un poison.

Il y a la déesse grecque Hécate, connaisseuse de tous les secrets, déesse de la magie exerçant ses pouvoirs sur le monde du dessous, telle la divinité de la nuit qu'elle représente ; elle dont les multiples mains portent le fouet, est là pour réveiller ceux qui s'endorment sur leurs lauriers, comme c'est si souvent le cas quand nous abaissons le seuil de notre vigilance, et les guide dans leur mutation. Déesse de la magie, c'est elle qui aidera Déméter à la recherche de sa fille Perséphone prisonnière des enfers, grâce à sa torche qui en éclaire la route. Déesse de la fertilité, elle aide à toute transformation.

Il y aussi Ereshkigal, qui représente les ténèbres et qui fit prisonnière Inanna, figure de la lumière qu'elle finit par libérer en la priant de transmettre au monde du dessus la connaissance et la puissance qu'elle avait puisées auprès de sa sœur de la nuit ; là où elle avait trouvé l'intelligence de la Grande Mère.

Nous retrouvons parfois aussi en nous-mêmes le côté sage d'Hestia, la déesse du foyer ; celle qui aime loin des tourbillons extérieurs la solitude qui lui permet d'œuvrer avec bonté et humilité pour les autres. « Accompagnatrice des tempêtes, passeuse de ravins, dentellière de tendresse[6] », comme la représente très bien mère Teresa de Calcutta à

---

6. Sophie d'Oriana, *Nous sommes toutes des déesses*, Édition de l'homme, 2004.

notre époque, ou toutes ces femmes missionnaires dont la mission est de s'élever dans la spiritualité.

Mais il faut, pour que la lumière de toute femme sorte de l'ombre, la vivacité guerrière d'Artémis qui pose des actes, car il n'est jamais bon de séjourner trop longtemps dans l'univers des grandes profondeurs. Selon les circonstances, elle va devenir déesse de la terre ou reine de la magie et du monde du dessous. Avec sa fougue, elle tend vers le combat et l'engagement pour la bonne cause. C'est elle qui permet à l'action fertile d'aboutir.

Certaines se retrouveront sous les traits d'Athéna-Minerve incarnant le contrôle et la force plutôt que la douceur et la tendresse, celle qui donna son nom à la ville d'Athènes, cette déesse des arts, de l'intelligence et de la guerre. On dit d'elle qu'elle est la fille préférée de son père, Zeus, auquel elle s'est identifiée pour aller combattre avec ses armes. « Ce n'est pas une femme, c'est un roc », dira Joëlle de Gravelaine. On la trouve de nos jours parmi les hommes dont elle se perçoit l'égale et avec lesquels elle collabore, s'éloignant du domaine réservé à la mère ou à la féminité, symbole à ses yeux de dépendance et de passivité.

Existe enfin chez chacune de nous, dans l'ombre ou dans la plus grande lumière, celle qui incarne l'amour, la vie à chaque instant, la courtisane qui n'a que faire des tabous et des contraintes, Aphrodite, celle que les Romains appelleront Vénus, née de l'écume (« celle qui sort de la mer »), représentante de la beauté, déesse du désir, capable de faire naître les passions et régnant sur la fécondité.

Seule dans l'univers de la mythologie, la déesse Isis semble unifier l'image de la femme au travers de toutes ces figures féminines, déesse magicienne qui, selon son bon vouloir accorde aux autres la jeunesse ou la vieillesse. Elle qui sauva son frère Osiris en reconstituant ses membres pour qu'il puisse retrouver la vie. Elle regroupe la totalité de toutes les autres grandes déesses dans une figure presque entière.

Chaque femme selon les moments et les circonstances de sa vie peut sentir s'éveiller en elle l'une ou l'autre de ces multiples facettes. Et c'est avec elles toutes, une fois reliées les unes aux autres, que nous pourrons véritablement rejoindre notre profonde unité.

La femme dans la Bible

Puiser dans la Bible représente aussi une mine pour celles qui sont en quête des figures multiples de ces personnages féminins, représentant la glorification ou la damnation.

Nous possédons cette part d'ombre et de lumière, comme Ève, que la Bible fait naître de la côte d'Adam dans une obéissance passive à la loi de l'homme. Celle que la bible définit ainsi : « Je ne permets pas à la femme d'enseigner, ni de faire la loi à l'homme, qu'elle se tienne en silence ; car c'est Adam qui fut formé le premier, Ève ensuite… »

Mais il y a son opposée, Lilith, dont le nom évoque dans son étymologie la nuit, l'air et le vent, la révoltée qui transgresse, l'insaisissable, la maîtresse du changement et de la métamorphose, qui reconstruit ce qui a été détruit, qui fait passer de la mort à la vie.

La déesse refusa de se soumettre à Adam et du même coup fut associée à la puissance féminine maléfique. Cette fille des ténèbres qui ne pouvait qu'inspirer la terreur autour d'elle fut représentée en sorcière, alors qu'elle ne fit que préserver sa liberté créatrice. Elle qui représente au contraire la facette libre et indomptable que toute femme possède en elle mais qui, camouflée et étouffée, peut conduire à la chute et se tarir comme le lit de la rivière quand il a perdu son eau. Dans le Talmud et la Kabbale, Lilith fut la première femme d'Adam, née non pas de sa côte mais de la terre. Elle refusa son oppression, préféra vivre seule, s'enfuit et fut, à la demande d'Adam, pourchassée par trois anges lui intimant de le rejoindre faute de quoi elle perdrait cent de ses enfants chaque jour. Lilith refusa de se plier à l'ordre.

Qu'en est-il au contraire de cette partie pure et lumineuse qu'est celle de Marie, la représentante de la douceur, de la soumission et de la maternité, la « médiatrice de l'au-delà ». Celle qui fut ignorée à son époque et consacrée mère de Dieu trois siècles plus tard. Celle à qui on attribue des milliers de miracles, et à laquelle tant de monuments ont été dédiés, pour en faire un mythe, un symbole de lumière qui prit la place des déesses d'antan[7]. A. de Souzenelle nous parle de toutes ces femmes ayant

7. Annick de Souzenelle, *Le Féminin de l'être, op. cit.*

rempli de leur présence la Bible. Marie, la pureté, la beauté qui exalte : « La vierge toute brillante de lumière, belle comme la lune, resplendissante comme le soleil, [...] celle qui représente la résurgence de la Déesse mère, nommée le “vase sacré” ou “la reine des cieux” », et fêtée le 15 août, date de la grande déesse, réhabilitant la féminité, en relation directe avec le divin et fécondée de façon pure par l’esprit.

Et ainsi toutes les trois, Lilith, Ève et Marie cohabitent-elles avec toutes les autres en nous, donnant lieu à cette sensation d’étrangeté, à nos ambivalences et nos contradictions parfois dérangeantes mais que nous devons toutes faire vibrer en nous pour ne pas étouffer toute impulsion créatrice. Ces nuances intérieures que certains hommes parfois ont du mal à percevoir chez la femme et à relier entre elles. Par exemple ces hommes qui, lorsqu’ils tombent amoureux, considèrent la femme comme la mère à vénérer, telle Marie, et perdent alors sexuellement leurs moyens, vivant ces « pannes » à répétitions. Comment faire l’amour à une femme tant idéalisée qu’elle évoque davantage la mère ou Marie qui en est la représentation ? Seule la femme désacralisée permet à ces hommes de vivre leur sexualité et de donner le meilleur d’eux-mêmes. Ne parvenant que très difficilement à accueillir toutes ces multiples facettes de la féminité, vivre une vie épanouissante à la fois amoureuse et sexuelle avec la même partenaire leur posera problème...

Marie Madeleine ne laisse indifférent ni les uns ni les autres depuis deux mille ans, qu’on la blâme, qu’elle trouble ou qu’elle interpelle en tant que première personne à qui

Jésus a fait le choix d'apparaître le jour de sa résurrection. Elle qui regroupe à elle seule tous les aspects du féminin comme la décrit Jacqueline Kelen : l'ardente, la très silencieuse, la déchirée, l'éblouie, la solitaire, l'insaisissable[8]. À nous de réunir la mère aimante, l'amante enflammée, l'épouse attentionnée, la femme prêtresse des temples, la muse, l'initiée, la sorcière…

La femme dans les contes

« Tout homme désire vivre certaines situations périlleuses, affronter des épreuves exceptionnelles, faire son chemin dans l'autre monde, et il peut connaître tout cela au niveau de sa vie imaginative en écoutant ou en lisant des contes de fées[9]. »

Lorsque l'on plonge, comme quand nous étions enfant, dans ces histoires fantastiques et que nous écoutons ce que celles-ci ont à nous dire, nous sommes renvoyées à nous-mêmes sans détour. Car contes et légendes sont là pour révéler nos diverses apparences.

Les images y abondent pour nous dévoiler nos richesses et la femme est bien souvent dotée, on peut le remarquer, d'un grand rayonnement qui lui permet par exemple de choisir son héros. Les contes représentent l'univers des métamorphoses où le vilain crapaud devient un prince, comme celui de la femme qui féconde et se fait féconder.

8. Jacqueline Kelen, *Marie Madeleine ou la beauté de Dieu*, Éditions de la Renaissance du livre, 2004.
9. Mircea Eliade, *Birth and Rebirth*, New York, Harper and Row, 1963.

Tout comme les mythes, ils nous touchent dans nos profondeurs, car ils nous indiquent notre voie. L'un comme l'autre sont des expressions symboliques de rites d'initiation et de passage et s'ils survivent et traversent les siècles sans changer, c'est qu'ils reflètent l'univers de l'être humain de manière universelle et qu'ils en sont le miroir. Leur contenu est si subtil qu'il procure une ouverture pour transformer sa vie. Ils nous instruisent sur l'amour, la haine qui peut s'y mélanger, la vie, la mort, la peur d'être abandonné, la souffrance, le bonheur, l'argent… tous ces sujets essentiels, et commencent souvent par la présence d'un vieux père qui va léguer ses biens à ses enfants, abordant par là la succession des générations et la vieillesse.

Grâce à eux, nous sommes ramenées à nous poser les questions justes ; tout comme les mythes et la littérature, les contes et légendes nous permettent à travers leurs personnages de retrouver les reflets de nos comportements.

Déesses, sorcières, fées, reines et divers animaux sont doués de facultés magiques et enchantées. Plongez-vous dans l'univers des fées qui y abondent comme dans celui des forces qui nous habitent, et voyez en elles toutes les puissances extérieures qui apportent le bonheur, comme la sorcière apporte la malédiction. Les dragons et autres animaux terrifiants ne représentent en fait que nos peurs, celles que notre « héros », tout comme dans les histoires, doit vaincre ; ce héros qui va prendre le risque d'expérimenter diverses situations en s'ouvrant sans crainte à l'inconnu mais qui, malgré des épreuves abominables, fait face à tous les dangers et en sort toujours vainqueur.

Nombre d'entre eux racontent la quête féminine et le courage qu'elle représente. D'autres personnages révèlent au contraire la face passive des femmes quand elles prennent les traits de la paresse ou de l'oisiveté…

À l'inverse des mythes dont les héros possèdent une dimension surhumaine et incarnent le divin avec l'exigence qui s'y rattache, le conte est là pour redonner la confiance et l'espoir, celui qui réside en toute crise où se trouve une issue, où le bien sort vainqueur face au mal, pourvu qu'on prenne conscience de ses erreurs. « Le conte est un cadeau d'amour », a dit Lewis Carroll. Le laid se transforme en beau, la bête hideuse en beau prince, ou la grenouille en jeune homme. Les drames se transforment en initiations et les récits qui touchent la femme lui montrent le chemin quand elle perd ses repères dans le plus grand désespoir.

Deuxième partie

La femme endormie

Quand la femme est prise dans les glaces

Un jour, une femme qui traversait une période de sa vie où elle avait établi la liste de tout ce qu'elle souhaitait créer – une liste très longue mais, disait-elle, qu'elle ne parvenait pas à « mettre en forme », à concrétiser, à matérialiser – me raconta le rêve suivant : « Un magnifique orque, cet animal puissant et royal, s'échouait sur la rive et on le coupait en morceaux avant de le faire congeler. »

Les cages dorées

Geneviève s'est mariée, il y a plusieurs années, avec Jean-Louis dont le statut social lui a toujours permis d'avoir une vie aisée et protégée. Elle n'a jamais travaillé et a toujours été secondée à la maison pour les travaux quotidiens et l'éducation à fournir à son fils. Celui-ci vient de quitter le foyer familial pour entamer des études dans une ville universitaire et Jean-Louis est de plus en plus occupé par son métier. Geneviève réalise alors qu'elle s'ennuie dans cette cage dorée. Ses journées s'étalent sans fin et une sensation de grand vide au caractère de plus en plus oppressant l'envahit. Pour fuir cette douloureuse sensation, elle passe une bonne partie de ses journées à dépenser dans les magasins, déçue une fois rentrée chez elle de ses achats inutiles. Peu à peu elle s'étonne des questions qui surgissent en elle. Quel est le sens de sa vie ? Qui est elle ? Surtout dans les moments où elle croise son regard dans la glace. Son sommeil devient très fragile et quand elle en parle à son mari, il lui répond d'un air vague : « Vas donc voir un médecin. Tu as pourtant tout ce qu'il faut, tu n'es vraiment pas à plaindre ! »

Malheureusement, malgré ses tentatives pour émerger de cette existence routinière, Geneviève va choisir de refuser le changement, en préservant sa vie confinée, tel un oiseau effrayé par l'ouverture de sa cage. Car tout bouleversement équivaudrait pour elle à cette sensation de chaos qu'elle avait bien connue quand elle était enfant, entre les colères explosives de son père et les émotions débordantes de sa mère.

Donner un sens à sa vie représente une quête difficile et patiente, et quand la femme par son histoire n'en a pu ajuster tous les éléments, alors sa source se tarit. Elle se met à ressembler à ces figures de contes, comme la Belle au bois dormant, prisonnière d'une haie de ronces, ou Blanche-Neige, enfermée dans un cercueil de verre. Elle est prise au piège et va vivre une longue période d'inertie, comme lorsque la neige recouvre la terre dans le silence et l'immobilité. Combien sont-elles, celles qui ont si peur d'en sortir, de quitter la prison de leur cage dorée, à l'abri du besoin mais dépendantes d'une situation étouffante ? Dans les contes, on côtoie beaucoup d'autres lieux, eux aussi « refuges », comme les grottes, les châteaux, les forêts ; tous enferment de nombreux personnages féminins et les retiennent captives. Mais dans ces histoires contées depuis fort longtemps, on croise aussi des trésors à découvrir, ceux pour lesquels nous avons oublié de nous mettre en quête. Nos nombreuses richesses intérieures sont représentées par ces héros qui partent à l'aventure, à la découverte de merveilles.

À force de brader nos dons véritables, nous pouvons même tomber malades. Les vertiges, les sensations d'étouffement, les maux de tête sont alors au rendez-vous pour celles qui sont prises dans une activité tourbillonnante. Le corps est un véritable artiste quand il doit mettre en mots, à sa façon, le malaise ; celui qui intervient lorsqu'on s'accroche désespérément à une situation qui ne nous correspond plus. La souffrance fait son apparition et l'asphyxie intérieure surgit. Mais la conquérante que nous nous obstinons à rester dira « ça va aller… », en oubliant que c'est notre corps le maître et qu'à force de ne pas l'écouter, les choses vont souvent s'aggraver.

Lorsque la place n'est plus ajustée, cette sensation souvent douloureuse de remise en question nous amène, comme le vilain petit canard du conte et qui pourtant était un magnifique cygne, à douter de sa valeur… Il s'agit de prendre conscience et de se remettre en cause pour réaliser que tout simplement la place que nous occupons n'est pas, ou plus, la bonne. Comme pour celles dont les parents souhaitaient un garçon, ou qui souhaitaient une fillette calme et pondérée et qui découvrent avec horreur que leur enfant est intrépide et rapide comme un feu follet !

Combien sont-elles ces femmes qui ne savent plus si elles désirent quelque chose et ne souhaitent plus que se mettre en boule au fond de leur lit et dormir, celles qui ne se sont pas « occupé de la petite », comme le disait Françoise Dolto à Madeleine Chapsal, pour l'amener à ne pas s'oublier ? Combien sont-elles celles qui ont oublié depuis si longtemps de s'occuper de leur véritable existence ?

Combien attendent comme dans le conte que quelqu'un ou quelque événement vienne les réveiller et les ramener à la vie, comme le prince charmant de l'histoire ? Pas seulement un homme, mais un tout petit quelque chose, même sans savoir ni quand ni comment, qui « les sorte de là », de ce cercle dans lequel elles se sentent enfermées. Parfois cela fait si longtemps que leur regard ne s'est pas tourné vers elles qu'elles ont perdu de vue que ce réveil ne pouvait s'effectuer que du dedans. La vie a posé tant de voiles épais sur leurs trésors cachés qu'elles ont perdu leur part animale, qu'elles ne sentent plus vibrer en elles et dans leur corps cette part instinctive. À force de vouloir se conformer à cet idéal de « répondre à tout et résoudre tout », elles se sont épuisées à vouloir atteindre des objectifs irréalisables et un jour…

Leur trop grande gentillesse, cette crainte de dire « non » peut, elle aussi, leur avoir joué des tours, comme pour Neigeblanche et Roserouge, les deux fillettes du conte de Grimm.

Il était une fois une pauvre veuve qui avait deux petites filles sages comme des images, Neigeblanche et Roserouge, et qui vivait seule dans une petite chaumière. Tandis que Roserouge adorait courir dans la nature pour jouer avec les papillons ou ramasser des fleurs, Neigeblanche préférait rester aider sa mère et lui faire la lecture, et elles s'affectionnaient toutes deux. Elles se promenaient très souvent dans la forêt et jamais aucune mésaventure ne leur arrivait. Au contraire, les animaux les accompagnaient et les oiseaux chantaient même pour elles deux. Il leur arrivait de passer la nuit dans la forêt et leur mère ne s'en inquiétait pas car elle savait qu'elles trouvaient toujours le moyen de s'endormir sur de la mousse moelleuse. Un matin, elles découvrirent juste à côté d'elles et dans une rose toute blanche un bel enfant, qui après les avoir regardées avec tendresse, avait disparu. Leur mère leur dit au retour que ce devait être un ange.

Leur vie était paisible et les petites filles entretenaient sans cesse la propreté de la maisonnette. Il y avait toujours des fleurs, le chaudron de la cheminée était toujours récuré et brillait comme de l'or, et le feu en hiver était toujours allumé.

Un soir, alors que toutes trois étaient assises tranquillement devant l'âtre, elles entendirent frapper à la porte. Croyant à un voyageur demandant abri, Roserouge alla ouvrir la porte, se trouva nez à nez face à un ours qui l'effraya et alla se cacher derrière le lit de sa mère. L'ours leur dit : « N'ayez pas peur, je ne vous veux pas de mal, mais je suis complètement gelé et je désire juste me réchauffer chez vous. » La mère prise de pitié le fit rentrer. L'ours se détendit et grogna de contentement devant le feu qui le réchauffait, si bien que Blancheneige et Roserouge, rassurées, se mirent à jouer avec lui. La mère lui proposa de rester dormir et l'ours s'habitua ainsi à s'enfoncer dans la forêt durant la journée pour revenir se coucher près du feu chaque soir. Au printemps, l'ours décida de partir et dit à Neigeblanche : « Je vais partir dans la forêt et je ne reviendrai que l'été. Je dois protéger mes trésors contre les méchants nains. Car durant l'hiver quand la terre est gelée, ils restent en dessous. Mais quand le soleil la réchauffe et la dégèle, ils refont surface et se mettent à fouiller et à voler. » La fillette lui ouvrit donc la porte mais l'animal se prit la fourrure dans le loquet et s'écorcha. Et Neigeblanche crut voir quelque chose brillant comme l'or.

En ramassant du petit bois dans la forêt, les fillettes rencontrèrent un petit nain vieux et tout ridé qui portait une très longue barbe blanche prisonnière d'un tronc d'arbre. Le nain essayait de se libérer mais sans succès. Très en colère en les apercevant, il leur cria : « Qu'avez-vous donc à rester plantées ainsi ? Donnez-moi donc un coup de main. Et vous riez, faces de lait lisses et niaises ! Pouah, que vous êtes donc laides ! » Malgré leurs efforts, les enfants ne parvinrent pas à dégager la barbe et le nain était de plus en plus furieux après elles. Mais Neigeblanche eut une idée et en coupa la pointe avec ses

petits ciseaux de poche. Aussitôt le nain grincheux prit son sac qui était rempli d'or et s'en alla en grommelant : « Peuple de rustres ! Me couper un bout de ma fière barbe. Que le coucou vous le rende ! »
Quelque temps plus tard, les deux fillettes rencontrèrent à nouveau le nain, mais cette fois attaché à un gros poisson qui le tirait au bout de sa ligne et qui menaçait de le faire tomber dans l'eau. Roserouge et Neigeblanche essayèrent du mieux qu'elles purent de démêler la barbe du fil de la ligne mais sans y parvenir, si bien qu'à nouveau elles eurent à utiliser leurs petits ciseaux. Hors de lui une fois de plus, le nain les agonit de sottises et souhaita leur malheur avant de disparaître.
À quelque temps de là, elles virent du haut du ciel un grand oiseau se précipiter sur une proie qui n'était autre que leur vieille connaissance, le nain. N'écoutant à nouveau que leur cœur, les fillettes parvinrent à le dégager mais le nain y laissa des lambeaux d'habits et se montra toujours aussi désagréable. Puis il disparut avec son sac de pierres précieuses.
Sur le chemin du retour, elles le surprirent en train d'admirer ses pierres précieuses qu'il avait étalées par terre, croyant qu'à cette heure, personne ne le dérangerait. Furieux d'avoir été surpris, il maugréa une nouvelle fois contre elles. C'est là qu'un grognement puissant se fit entendre et qu'un gros ours noir arriva en trottant. Effrayé, le nain essaya bien de s'enfuir mais déjà l'ours s'en prenait à lui, malgré ses supplications :

« Pitié seigneur Ours, je peux vous donner tous mes trésors, et les deux gamines que voilà sont beaucoup plus dodues que moi pour que vous en fassiez de tendres bouchées. Mangez-les donc ! » Mais ceci n'empêcha pas l'ours de donner au nain un grand coup de patte qui l'immobilisa. Les fillettes s'étant sauvées pour se protéger, l'ours les appela : « N'ayez pas peur, je viens avec vous. » Les fillettes reconnurent alors sa voix et quand l'animal arriva vers elles, sa peau d'ours tomba et apparut alors un homme tout vêtu d'or : « Je suis le fils du roi, dit-il, j'avais été ensorcelé par ce maudit nain qui m'avait volé mon trésor. Maintenant qu'il est mort je suis délivré. »

Neigeblanche se maria avec le fils du roi et Roserouge avec le frère de celui-ci. Quant à leur vieille mère, elle vécut au milieu d'eux tous.

Ce conte a été très finement analysé par Marie-Louise von Franz, psychanalyste jungienne[1]. Il met en scène une mère et ses deux filles dans une maisonnette où le père n'existe pas. Seule domine une atmosphère purement féminine faite de douceur et d'innocence enfantine. Mais les années ont passé, et Neigeblanche et Roserouge sont maintenant des fillettes qui n'ont connu que ce cadre familial comme si elles étaient encore en lien de tout-petits avec leur mère, sans l'ouverture au monde et à l'extériorisation qu'un père aurait pu leur offrir. C'est l'ours qui va

---

1. Marie-Louise von Franz, *La Femme dans les contes de fée*, La Fontaine de pierre, 1984.

faire office d'enseignant aux deux enfants en leur apprenant que l'univers n'est pas si tendre, ni si doux et idyllique. Il va les confronter à la réalité loin du cocon douillet qu'elles avaient connu jusque-là. Grâce à lui, elles vont sortir de leur monde où rien n'était rude. Grâce à lui, elles vont apprendre que lorsqu'on est animé en tant que femme uniquement par son pôle féminin fait de gentillesse et de bonté extrême, on se laisse marcher dessus, incapable de la moindre défense face à l'agresseur, et on se laisse flouer par la vie.

L'ours est doux lui-même avec les deux enfants, mais il se montre également capable d'attaquer l'ennemi quand cela s'avère utile. Il connaît le moment où il faut passer à l'action, agir et non plus uniquement réfléchir ou se laisser faire. Si l'ours, avec son côté masculin, n'était pas intervenu, les fillettes prisonnières de leur trop grande gentillesse, de leur côté uniquement féminin, n'auraient pas eu gain de cause face au nain, et leur passivité leur aurait joué un vilain tour. Les deux fillettes n'avaient appris au côté de leur mère que la compassion et la pitié face à quelqu'un de désemparé ou en difficulté, comme c'est le cas de ces femmes dont le mari se noie dans l'alcool et qu'elles maternent sans leur apporter autre chose pour s'en sortir. Elles ne pouvaient connaître que cette pitié systématique qui parfois tend des pièges aux nombreuses femmes battues par leur compagnon et qui pourtant ont pitié d'eux et finissent par ne plus chercher à se préserver du danger qu'il représente.

Les deux fillettes ne savaient que réagir de cette manière et la bonne colère, celle que le père peut apprendre, leur était totalement étrangère.

Dans le conte, les enfants, en délivrant le nain par compassion, vont lui permettre de continuer à nuire. Seul l'ours, avec son côté masculin et grâce à sa juste colère, va enfin permettre à la situation de prendre fin. C'est grâce à cette colère qu'il va se sentir puissant et sortir de l'impasse et de la difficulté.

La femme qui a aliéné une part d'elle-même – celle de Lilith la déesse non asservie – et que la part soumise d'Ève a envahie en prenant toute la place, ne comprend pas pourquoi elle se sent si mal. Elle a tout simplement déserté cette part si importante d'elle-même, se fondant sur les exigences des autres. Ne reste plus d'elle qu'une image à moitié effacée, sa partie lumineuse se retrouvant enterrée.

Les causes du gel

« La femme est un escargot dont tout le monde emprunte la coquille pour avoir chaud, alors qu'elle-même se gèle bien souvent[2]. »

Nous sommes nombreuses à poser sur nous un regard méprisant, à mettre en cage toute notre créativité, de la mère au foyer enfermé dans son dévouement aux siens à la vedette du domaine public piégée dans sa notoriété… Et tout comme la nature quand elle se trouve bafouée, les conséquences ne tardent pas à apparaître. Cette nature qui retrouve toujours ses droits, ainsi qu'il me le fut encore une

2. Christiane Olivier, *Les Enfants de Jocaste*, Denoël-Gonthier, 1983.

fois confirmé un beau jour de « dérèglement SNCF » par cette anecdote amusante, le retard d'un train ainsi expliqué : « Retard pour cause de rupture électrique due à un nid de pie ! »

La prison se crée face au danger que représente la liberté. Le besoin de sécurité ou d'aisance financière nous enchaînent, tout comme les conventions sociales quand elles priment sur le reste et deviennent nos uniques repères. Comme peuvent y parvenir tout système politique, ou tout simplement notre petite vision rétrécie de la vie.

Alors l'oiseau, celui qui dans les contes et légendes symbolise l'élévation spirituelle, dans la tradition indoue ou chez les Égyptiens par exemple, se retrouve derrière les barreaux. Comme dans *L'Oiseau de feu*, le ballet d'Igor Stravinski qui met en scène les tentatives vaines d'emprisonner l'animal et ses talents créateurs…

Dès le plus jeune âge, garçons et filles sont déjà pris dans des stéréotypes. Et comme le disait le psychiatre Alfred Adler : « Il y a un préjugé très fort chez les petites filles. On leur dit souvent que le sexe féminin n'est pas doué pour les mathématiques[3]. » Le garçon, lui, est poussé selon un modèle qui l'oblige à s'accomplir le plus possible au travers de la compétition, de l'activité, du succès et de la victoire. La fille au contraire a dû se montrer soumise, passive et dans la non-réalisation d'elle-même. Ce conditionnement a réduit son énergie qui s'est trouvée freinée et qui l'écarte de sa créativité alors mutilée.

3. Alfred Adler, *L'Enfant difficile*, Payot, 1992, coll. « Petite bibliothèque ».

Il a été relevé que dès l'âge de cinq ans, les dessins des petits garçons et ceux des petites filles étaient différents[4], témoignant de deux mondes bien distincts. L'auteur développe que chez les filles, c'est la vie quotidienne qui domine : la maman qui fait la cuisine ou qui cueille des fleurs pour sa grand-mère, avec la présence de la maison la plupart du temps. Pour le garçon, ce sont les scènes de la vie qui dominent le tableau, avec la présence de policiers, de voitures, de chercheurs d'or ou de magiciens tous prêts à l'action et pleins de force pour l'aventure.

Comme le dit l'auteur, dans leurs dessins « les garçons jouent de préférence "avec quelque chose", les petites filles jouent à "quelque chose" ».

Regardez aussi combien leurs jeux sont différents : si pour nous les filles ils restent dans les limites autorisées et consistent en discussions en petits groupes intimes et au sein d'un espace limité, les garçons s'organisent davantage en bandes pour des bagarres, ou pour lancer des cailloux dans une utilisation au contraire grandiose de l'espace qui les entoure. Tout comme en maternelle, les filles construisent comme premières structures des enclos, sécurisants et protecteurs comme des maisons bien enveloppantes, alors que pour les garçons, ce sont des tours les plus hautes possible, montant vers le ciel et construites avec une grande énergie, signe d'effort et du goût de l'aventure.

Est-ce cette demande de passivité chez la fille qui est à l'origine des statistiques évoquées dans cet article :

4. Elena Gianini Belotti, *Du côté des petites filles*, Éditions Des femmes, 1974.

« Pourquoi les filles réussissent-elles à l'école[5] ? » Basé sur une enquête récente de l'Insee et un constat qui se confirme dans de nombreux pays, il est constaté que 53 % des filles arrivent en seconde à quinze ans pour 47 % de garçons, qui redoublent davantage. Les comportements scolaires sont également différents : il y a moins d'absentéisme et de retards chez les filles, qui sont moins nombreuses à déclarer « s'ennuyer ».

C'est la psychologie sociale qui, de son côté, a mis en évidence divers stéréotypes touchant au masculin et au féminin. Par exemple, un bébé pleurant sur un écran est perçu comme triste s'il s'agit d'une fille, alors qu'il est considéré « en colère » si c'est un garçon[6].

Dès l'âge de six mois les petites filles ont une plus grande attention aux visages et ressentent plus fortement la détresse d'autrui, ce qui montre leur plus forte implication dans les relations sociales[7].

Mais si ce qui nous distingue existe déjà bel et bien, le fossé va malheureusement se creuser davantage avec le regard des autres qui vont nous cataloguer et nous répertorier au-delà de nos dissemblances naturelles. N'est-on pas bien souvent que mère, grand-mère, fille ou sœur, cachées derrière les *a priori* et le filtre de toutes ces étiquettes qui nous y assimilent et nous y réduisent ?

---

5. Revue *Sciences humaines* n° 141 *bis*, août-septembre 2003.
6. *Id.*, n° 146, février 2004.
7. *Id.*

Les multiples couleurs de la mise en cage

Quand Lilith, celle qui entretient notre flamme, se trouve bâillonnée par de multiples obligations, elles sont nombreuses les mises en cage qui nous conduisent à nous installer dans une tour d'ivoire aux diverses formes.

Et c'est la maternité qui nous y conduit bien souvent.

La femme et la maternité

> *« Les hommes tiennent le monde. Les mères tiennent l'éternel qui tient le monde et les hommes*[1]. »

C'est dans ce domaine que les barreaux de la prison nous tendent les bras pour peu qu'on y ait pas prêté attention au moment propice. La femme tombe souvent dans ce piège, qu'elle se mette de côté au profit de son statut de mère ou qu'au contraire, elle oublie ce dernier.

Nous sommes encore tout imprégnées de l'image de la jeune femme qui s'accomplit en donnant naissance à l'enfant. Nous sommes encore très liées à ces époques où

---

1. Christian Bobin, *op. cit.*

être mère représentait l'essentiel de toute une vie et nombreuses sont celles qui cherchent une valorisation au travers de la maternité. S'ajoute à cette sorte de pression sociale encore existante, celle de l'image de la « bonne mère » comme norme. Celle qui colle au plus près au mythe de la mère sacrée, parfaite, qui sait par instinct s'y prendre et qui n'aurait pas le droit à l'erreur.

Cette femme qui craint de ne pas être une mère « à la hauteur » au moment de sa maternité se percevra comme insuffisamment bonne pour son enfant. Et ceci ne sera souvent que la suite de toute son enfance où elle n'aura pu répondre aux attentes de sa propre mère, acculée à un profond sentiment d'inaptitude.

Que de souffrances pour celles qui ne correspondent pas à cette mère admirable qui n'existe pourtant pas. Quand il nous est renvoyé si souvent que c'est au travers de la grossesse que la femme « triomphe[2] » de sa féminité, combien il est dur d'affronter tout cela, avec la sacro-sainte fête des Mères instaurée chaque année. On dirait alors que mettre au monde des enfants est un privilège et un défi tels que le sens de la vie d'une femme se doit de passer uniquement par là. Et quand elle assume également son travail, l'homme finit par la percevoir comme une superwoman qui l'effraie.

Être femme ne suffit pas toujours à certaines pour avoir accès à leur féminité et certaines seront surtout « mères ». Ces mères qui étouffent leurs enfants pour en faire de futurs

2. Christiane Olivier, *Les Filles d'Ève*, *op. cit.*

hommes incapables plus tard de s'engager affectivement dans une relation amoureuse tant ils auront vécu sous cette toute-puissance. Ou s'ils y parviennent, ce sera au détriment d'une sexualité qui ne pourra être bien vécue qu'auprès de femmes pour lesquelles ils n'éprouveront pas de l'amour. Comme pour Mickaël qui avait sacralisé une mère étouffante : soit ses relations féminines étaient basées sur le sexe, et dans ce cas tout allait bien sur ce plan, soit il créait une relation amoureuse et son impuissance intervenait fréquemment ; comme s'il s'était agi avec sa mère d'une sorte d'inceste platonique, car l'inceste n'est pas que la concrétisation par le passage à l'acte sexuel et peut être symbolique.

Ces mères donneront souvent à leur fils le rôle de substitut d'un mari qui ne les comble pas, et attendront de lui qu'il répare ce manque. En tant que femmes, elles rencontreront, avant de mettre des enfants au monde, des hommes qui feront vibrer cette fibre maternelle et qui les toucheront par leur faiblesse, des « hommes à problèmes » qui de leur côté rechercheront davantage une « femme infirmière » qu'une véritable compagne.

Cette substitution de la mère à la féminité produit des ravages car elle coupe la femme de son identité globale.

De leur côté, les filles de ces femmes deviendront, une fois adultes, redevables vis-à-vis de ces mères « qui se sont sacrifiées » et seront terrorisées par leur entrée dans la vie active, comme Irène incapable de s'assumer, elle qui n'avait eu que très peu l'occasion de le faire avec sa mère « qui faisait toujours tout pour elle », et face à laquelle elle se sentait sans cesse en dette et confrontée à la sensation d'un échec perpétuel.

Au contraire, Solange parviendra à rompre la chaîne de la répétition, celle du don maternel dont elle se dégagera quand elle aura à son tour des enfants. C'est ainsi qu'un Noël, alors que sa mère, sans revenus, souhaitait lui offrir un sèche-linge et un frigo, Solange refusa le tout et s'associa à sa sœur, soumise à une offre similaire, pour convaincre leur mère de s'offrir avec cet argent un des premiers voyages de son existence. Ce fut leur cadeau de Noël mutuel : pour leur mère ce voyage, pour ses deux filles le plaisir de voir leur mère heureuse et capable de s'offrir quelque chose, en sortant toutes de l'ancien processus de dette.

Ce culte de la bonne mère avait conduit Marie à une culpabilité dévorante alors que son petit garçon avait déjà sept ans. Elle vivait constamment depuis toutes ces années en se reprochant de n'avoir pu l'aimer pleinement à sa naissance qui était intervenue au moment du décès de sa propre mère. « J'ai eu tellement mal que j'ai fermé mon cœur. » Cette culpabilité l'a toujours empêchée de canaliser par la rigueur nécessaire les débordements de son enfant qui a toujours profité de la faille de sa maman. Pères et mères, nous ne voyons bien souvent dans notre enfant que le petit être fragile et malade qu'il était dans les premiers mois de sa vie. Mais nous oublions de regarder combien il s'est fortifié et combien il est également porteur d'énergie quand il adopte des comportements opposants et tyranniques. Car nul n'est mieux placé qu'un enfant pour s'engouffrer dans ce genre de faille quand elle lui est offerte.

Contrairement à l'idée répandue, surtout autrefois, devenir mère n'est pas si facile pour certaines et le premier lien avec l'enfant ne coule pas de source. Doutes, indécisions, sentiment de le rejeter, tout ce que l'on a vécu nous-mêmes avec notre propre mère resurgit parfois quand c'est notre tour et nous submerge. Il existe ainsi des endroits où ces mères toutes neuves peuvent restaurer leur lien avec leur bébé, comme à Montesson où l'institut Théophile-Roussel accueille pour plusieurs mois d'hospitalisation ces mamans en grand désarroi, entourées d'une équipe qui est là pour les aider à retrouver leur identité de mère. C'est ainsi qu'elles apprennent avec l'écoute et la patience qui leur sont nécessaires à reconnaître leur enfant tout doucement, à leur rythme.

Actuellement, avec l'évolution des techniques et des mœurs, on peut devenir mère de mille manières, même après le décès du père, ce qui rend les identités, qui parfois évoluent déjà dans le flou, encore plus confuses pour l'enfant. Comme dans le cas des parents homosexuels, les couples rendent plus délicat pour lui l'accès à la différenciation des sexes, fonction indispensable pour accéder à son identité.

Elles sont nombreuses les formes de nuisance que nous nous portons.

Lorsqu'on se sacrifie, on sait bien que l'on finit par ne récolter que de pauvres miettes. « Au nom de l'enfant, la femme s'accorde et on lui accorde le droit de se prélasser au soleil sur une plage, chose impensable en son nom propre. Elle reste là, inactive, réchauffée par le soleil qui, lui au moins, ne ménage pas sa chaleur. C'est tout ce qui lui reste de l'ordre de la régression à cette femme que personne ne nourrit, ne réchauffe, n'attend[3]. »

Dans de nombreux contes, on trouve des personnages comme Blanche Neige et Cendrillon qui se montrent passives, dans l'attente et la quête de l'homme qui les accomplira dans leur vie. Ces femmes sont douces et muettes ; Blanche Neige accepte avec grande naïveté la première pomme qui lui est offerte. Seul le prince charmant la sauvera de cette situation scabreuse. Cendrillon de son côté fait vertu de servitude et d'humilité, accumulant les humiliations sans réagir. Sa seule issue sera d'être elle aussi sauvée par un homme.

Nombreuses sont les femmes qui s'installent dans le même registre, mettant toute leur identité, non pas en elles mais au fond de l'autre.

Comme ces femmes dites « au foyer » qui suscitent chez les autres envie, critiques ou les deux à la fois, recevant de la part de celles qui travaillent des phrases qui en disent long : « Ah, vous ne travaillez pas ? » Ces femmes qui pour certaines se retrouvent prisonnières d'un emploi du temps uniquement rempli de tâches matérielles, sans compter les allées et venues consacrées à leurs enfants, à tel point que peu à peu elles se perdent complètement de vue, le mari parfois le leur faisant lui aussi ressentir, « lui qui travaille tant ». « Elles sont là pour tout ça puisqu'elles ne travaillent

3. Christiane Olivier, *Les Enfants de Jocaste, op. cit.*

pas. » La société actuelle, loin de les valoriser, les accule aussi à un sentiment d'isolement, de profonde différence face à celles qui occupent un statut professionnel avec la culpabilité qu'un tel contexte génère, et même si elles se sentent pourtant tout à fait à leur juste place et dans leur vérité.

Annie, après de nombreuses années de soumission à son mari, statut dont elle avait bien sûr fait le choix, avait décidé de partir suite à un événement mineur, vu de l'extérieur. Un petit colis, un tout petit colis fut le détonateur de sa décision. Un jour, une fois de plus qu'elle demandait à son époux de lui donner quelque argent pour cet envoi postal, n'ayant aucune autonomie financière ou si peu, celui-ci exigea d'abord de connaître le nom du destinataire. C'est là qu'Annie prit soudainement conscience de sa dépendance et décida de reprendre son ancien travail d'infirmière qu'elle avait arrêté pour les siens. Ce petit colis était destiné à sa fille, c'était une cassette de ses chansons favorites.

J'en côtoie souvent des femmes comme Charlotte qui sanglota pendant longtemps durant ce tout premier entretien que nous avions ensemble. La souffrance de cette jeune femme de trente-trois ans était aussi grande que l'était son sentiment de honte. Charlotte avait deux enfants en bas âge, et elle menait un combat intense entre sa vie qui depuis plusieurs années « s'étiolait », disait-elle, et le bonheur d'une relation avec un autre homme qui soulevait en elle des montagnes de culpabilité, malgré son souci d'honnêteté qui l'avait amenée à mettre au grand jour auprès de son mari tout cela. Elle avait eu pour modèle une mère qui avait vécu la même histoire et s'était « sacrifiée pour ses enfants », ce à quoi Charlotte se refusait, mais il est difficile de renoncer aux chaînes de nos modèles anciens… Pourtant elle faisait tout pour y parvenir, au prix d'un travail sur elle qu'elle sentait être comme « colossal ».

Annie Ernaux décrit à travers le personnage de son roman[4] ces femmes qui se sont tout entières perdues de vue, dans une vie qui insidieusement s'est faite pauvre routine et s'est axée sur le don aux leurs. Ces femmes qui se sont enlisées, un beau jour en prennent conscience, comme l'héroïne qui a un jour trente ans, est mariée, a deux enfants et est professeur. Mais l'élan l'a quittée et elle s'est figée au fil des jours entre les repas à préparer, les courses, les devoirs et le bain des enfants… Elle s'est « momifiée » comme beaucoup de ses semblables.

> *« Je suis devenue la gardienne du foyer, la préposée à la subsistance des êtres et à l'entretien des choses… Il y eut le premier matin. Celui où, à huit heures, j'ai été seule dans le F3 avec le Bicou en train de pleurer, la table de cuisine encombrée par la vaisselle du petit déjeuner, le lit défait, le lavabo de la salle de bain noirci par la poussière du rasage… Quel silence quand le Bicou cesse de chanter. Je me vois dans la glace au-dessus du lavabo sale. Vingt-cinq ans, comment avais-je pu penser que c'était ça la plénitude. »*

---

4. Annie Ernaux, *La Femme gelée*, Le Livre de poche, 1987.

« Organiser, le beau mot à l'usage des femmes… Moi aussi j'y ai cru au pense-bête des courses, aux réserves dans le placard, le lapin congelé pour les visiteurs impromptus, la bouteille de vinaigrette toute préparée, les bols en position dès le soir pour le petit déjeuner du lendemain. Un système qui dévore le présent sans arrêt, on ne finit pas de s'avancer comme à l'école, mais on ne voit jamais le bout de rien… »

Il est si difficile ce rôle de « mère de famille », malgré toutes les gratifications que bien sûr il comporte… Vous avez peut-être vécu vous-mêmes ces petits matins d'hiver encore obscurs, ceux de la rentrée de huit heures trente de notre bambin à l'école, qu'il pleuve ou qu'il neige, main dans la main avec cet enfant les yeux encore pleins de sommeil et que l'on a tiré du lit pour ne pas manquer le son de la cloche déclarant l'ouverture de la journée pour lui. Et si vous ne l'avez pas vécu vous-mêmes, vous avez sûrement remarqué l'affairement de ces jeunes mamans qui n'est que le début d'une lourde journée qui se poursuivra jusqu'au coucher de leurs petits, après les courses, le bain du soir et la préparation du dîner.

Elles se sont délaissées, ont abandonné parfois leurs études, parfois aussi leur famille pour suivre le conjoint qui a obtenu une promotion et qui pourtant peut même, comme dans le cas d'Alice, aller vers d'autres femmes. Puis un beau jour, le choix de « reprendre le dessus » s'impose : on essaie de trouver un travail, ou de faire, pour certaines, « la grève de l'amour », premier respect accordé par l'intermédiaire du corps.

Nous sommes aimées « sous conditions » par notre mère, nous sommes là bien souvent pour la réparer de ce qu'elle n'a pas été, pour la « continuer ». Depuis notre enfance, nous avons cherché la reconnaissance et en l'occurrence à travers l'homme, notre sauveur, notre prince charmant, celui qui s'attachera à nous et pour lequel nous aspirons à nous sacrifier. Les lectures choisies entretiendront tout cela avec la recherche de l'amour idéal. « Presque 25 % de femmes éduquées lisent cette littérature (Harlequin, etc.), en sachant parfaitement bien que c'est une imposture ; il faut que leurs fantasmes soient réellement puissants[5]. » La femme va ainsi passer de sa mère à l'homme et cherchera avec lui, comme avec elle, à être aimée et à aimer inconditionnellement au risque de s'y perdre. Et cette attente proche du leurre explique pourquoi de nombreuses femmes sont déçues par le mariage et demandent le divorce.

Si « le couple, c'est le fantasme des retrouvailles avec une mère jamais rencontrée : non étouffante pour l'homme et désirante pour la femme[6] », dit Christiane Olivier, c'est dans cette attente que nous vivons, celle de la relation avec une mère qui, même si elle nous a profondément aimée, ne nous aura jamais désiré comme un enfant différent d'elle.

C'est ce besoin de mots, de signes de tendresse que nous guetterons sans cesse, nous mettant dans un état de dépendance très douloureux. Et plus cette demande sera

5. Michelle Coquillat, *Romans d'amour*, Odile Jacob, 1988.
6. Christiane Olivier, *Les Enfants de Jocaste*, *op. cit.*

présente, plus le compagnon se repliera, angoissé de revoir sous ses yeux l'image de la mère dévorante.

Combien sommes-nous à avoir déguisé nos véritables demandes de peur de blesser celui qui vit à nos côtés, et du même coup, à endosser un statut d'adolescente passive, douce, gentille et serviable choisissant comme refuge un monde imaginaire plutôt que d'affronter une réalité et ses choix ?

Les « muses » : le parcours dramatique de Camille Claudel

D'autres femmes, elles aussi, vivent dans l'ombre, mais d'une manière bien différente : ce sont ces *muses* qui vont vivre leur créativité par l'intermédiaire de l'homme qu'elles « nourrissent » : « À côté de tous les grands hommes, on trouve une femme aimée. L'Amour est le soleil du génie[7]. »

Ces femmes se révèlent être inspiratrices de l'homme. Les muses furent honorées dans le monde de la mythologie grecque et furent les filles de Zeus et Mnémosyne, divinité de la mémoire avec sa connaissance de toute l'histoire de l'humanité. Elles étaient au nombre de neuf et possédaient chacune un don : la musique, la danse, l'éloquence, la poésie, l'élégie, l'astronomie, l'histoire, la tragédie et la comédie. Leur caractère intemporel – elles sont représentées avec des ailes – leur permet d'insuffler le talent et le génie à l'artiste qu'elles servent et d'inspirer les poètes, les musiciens et les philosophes dont elles sont les éternelles compagnes. Elles sont associées à l'illumination artistique et, grâce à elle,

7. Schiller.

permettent aux hommes d'exprimer la flamme créatrice qui les anime. Comme chez Musset, Baudelaire ou Rimbaud au travers de leurs poèmes dont elles ont été la source.

Certaines ont pu laisser aussi émerger leur talent, et les exemples sont nombreux de ces femmes qui, tout en guidant un homme, ont pu être également génératrices de beauté pour elles-mêmes. Sans renoncer à leurs dons, elles stimulèrent aussi ceux d'un autre. Simone de Beauvoir fut la muse de Jean-Paul Sartre, et écrivit elle-même.

Lou Andreas-Salomé fut l'inspiratrice du poète Rilke et de Nietzsche, ce qui ne l'empêcha pas de choisir l'écriture et la psychanalyse. Freud l'appelait « ma tendre amie » ; il la surnommait aussi « la compreneuse par excellence ».

« Elle avait le don d'entrer complètement dans l'esprit de l'homme qu'elle aimait. Son immense pouvoir de concentration attisait, si l'on peut dire, le feu intellectuel de son partenaire[8]. »

Celle qui fut passionnément aimée par de nombreux hommes réussit malgré son rôle de muse à sauvegarder sa propre source : « Je ne puis ni vivre selon un idéal, ni servir de modèle à quelqu'un d'autre. Mais je puis très certainement vivre ma propre vie, et je le ferai quoi qu'il advienne. En agissant ainsi, je ne représente aucun principe, mais quelque chose de beaucoup plus merveilleux, quelque chose qui vit en moi, quelque chose qui est tout chaud de vie, plein d'allégresse et qui cherche à s'échapper… »

---

8. Paul Bjerre cité par Françoise Giroux dans *Lou, histoire d'une femme libre*, Fayard, 2002.

Mais quand la femme s'oublie et s'efface pour servir celui dont elle souhaite alimenter le feu et correspondre à l'idéal, elle est inévitablement conduite à se nier au profit de l'autre. À force de vouloir représenter l'idéal féminin de celui qu'elle aime, elle voit sa vie se dérouler en totale dépendance à l'autre, telle une esclave réduite à n'être que le simple reflet de ses aspirations et de ses désirs. Celles qui finissent même par abandonner jusqu'à leur enveloppe physique dans des chirurgies esthétiques de toutes sortes entrent dans un semblable processus.

Quand la muse adulée telle une déesse n'est plus reconnue au travers de cette image, il ne reste plus rien derrière elle qu'un vague fantôme sans contours.

Ce fut le cas d'Alma Malher, « la déesse d'or » selon Linda Shierse, qui après de nombreuses années d'adoration chuta de son piédestal. « Tu n'as désormais qu'une profession, lui disait Gustav Malher, me rendre heureux[9]. » Ce qu'accepta dans un premier temps Alma avant de basculer dans la révolte et d'adopter à son tour la position de domination qu'elle avait auparavant subie, en conquérant et en rompant tour à tour avec de nombreux hommes.

Cela a conduit jusqu'à la folie Camille Claudel qui a vécu dans la tyrannie des émotions, en niant ses propres dons pour les mettre au service d'un homme également créateur. Son caractère passionné et extrême permit la création, mais son histoire révèle aussi jusqu'à quel point cette intensité se transforma en tragédie et en désespoir. Celle qui devint la

---

9. Françoise Giroux, *Alma Malher ou l'art d'être aimée*, Robert Laffont, 1988.

muse de Rodin laissa ses dons de côté au lieu de les exprimer et de les affirmer pour plaire à l'être aimé et le garder. Elle devint alors infidèle à elle-même et se trahit. L'intensité d'un tel conflit, entre le respect de sa puissance intérieure et son besoin d'être aimée, la firent tomber dans l'alcool puis dans l'autodestruction. Camille Claudel a fini par se perdre pour un autre et sa raison l'a quittée.

> *Camille est née en Champagne en 1864, un 8 décembre. Elle vécut son enfance à Paris entourée d'un père au tempérament autoritaire mais qui reconnut toujours ses dons, comme il le fit également pour son frère Paul. Son grand besoin d'être aimée lui vint d'une mère pour qui les conventions et les devoirs prenaient le pas sur tout le reste. Ainsi le tempérament fougueux et passionné de sa fille lui était insupportable et s'opposait totalement à sa froideur glaciale, ce qui ne cessa de l'empêcher d'accepter les dons et les projets de Camille. Celle-ci se retrouva à de nombreuses reprises au centre des divergences de ses deux parents à son égard, l'un faisant confiance à sa créativité, l'autre la niant. Dans cette ambiance particulière, Camille grandit avec son frère Paul et sa petite sœur Louise qui choisit de rester soumise à sa mère en restant vivre chez elle. Avec Paul qui devint l'écrivain que l'on connaît s'établit une forte complicité, dans de fréquents moments ensemble au sein de la nature qu'ils appréciaient profondément l'un et l'autre. Camille fut toujours là pour épauler et soutenir son frère dans les moments difficiles.*

Sa passion pour son art débuta très tôt et on dit qu'elle sortait la nuit afin de trouver la glaise nécessaire à ses œuvres. Dès l'âge de quinze ans, celles-ci étaient déjà au nombre de trois.

C'est ainsi qu'elle fit la connaissance du sculpteur Alfred Boucher qui lui fit rencontrer Rodin, à cette époque âgé de quarante ans et dont elle devint la première élève féminine.

Elle devint d'abord son assistante et la muse qui donnait à sa créativité un nouveau souffle quand il traversait des phases de vide intérieur. Mais dans un premier temps, Camille poursuivit son propre chemin et continua à travailler avec volonté pour elle, confectionnant même des œuvres dont la taille du marbre était supérieure à celles que créait Rodin.

Puis leur histoire amoureuse commença pour durer quinze ans. Durant les sept premières années, ils se rencontrèrent dans un petit studio situé au milieu d'un très beau jardin que Rodin avait loué pour elle et ils passèrent à cette époque de nombreux moments en voyage pour mieux se retrouver. Mais la souffrance de Camille prit de plus en plus de place, au sein d'une situation très difficile, Rodin vivant en couple depuis très longtemps et ne souhaitant pas se séparer de sa compagne Rose Bauret, malgré son sentiment pour sa maîtresse. Celle-ci attendit un enfant dont elle décida d'avorter. Cette situation douloureuse dura pendant quinze longues années et s'ajouta au rejet que la mère et la sœur de Camille exprimèrent à son égard, la traitant de prostituée.

Camille qui avait quitté son premier studio pour un autre continua à voir Rodin de manière régulière et à passer des vacances avec lui, mais elle s'en éloigna peu à peu devant tant d'obstacles. Elle en vint même progressivement à ressentir de l'animosité à son égard, bien que Rodin ne cessât pas de la soutenir dans sa profession.

Camille commença alors à aller de plus en plus mal, mais son lien, d'amour et de haine mêlées à l'égard de Rodin, était encore trop fort pour qu'elle puisse vivre une nouvelle relation, comme le lui demanda le compositeur Debussy qu'elle congédia de manière brutale.

Vers trente ans, Camille commença sa descente aux enfers, écrivant à celui qui s'occupait de ses galeries, Eugène Blot : « Je suis tombée dans le gouffre. je vis dans un monde si curieux, si étrange. Du rêve que fut ma vie, ceci est le cauchemar[10]*. »*

Elle se coupa de plus en plus du monde extérieur, refusa les invitations de Rodin en société, finit par rompre avec lui et chercha à cette époque à vivre son art de façon bien à elle et à se démarquer de son maître. Elle se mit à la peinture et s'intéressa dans ses œuvres à reproduire la vie de tous les jours, celle de tout un chacun. Sa situation pécuniaire se dégrada de plus en plus et elle se trouva dans l'incapacité de payer son loyer devant les

---

10. Reine Marie Paris, *The Life of Camille Claudel, Rodin's Muse and Mistress*, traduit par Liliane Emery Tick, New York, Henry Holt, 1988.

dettes qu'elle accumulait, tout comme elle ne parvint plus à s'offrir le marbre dont elle avait besoin pour ses œuvres. Malgré sa notoriété grandissante, elle se replia sur elle-même et par manque d'argent dut quitter son studio pour un petit logement sordide, méprisant davantage encore Rodin qui, lui, continuait d'accepter le monde des mondanités.

Elle se mit à tomber dans l'alcool, se détériora physiquement et se sentit de plus en plus persécutée par Rodin, l'accusa de lui voler ses œuvres et ses idées créatrices et de pousser les autres à la rejeter. Ces idées persécutrices devinrent délirantes, à tel point qu'elle accusa Rodin d'avoir voulu la supprimer par l'intermédiaire de deux de ses modèles.

En proie à de fortes crises, il lui arriva de détruire dans la plus grande violence plusieurs de ses sculptures sous l'effet de l'alcool, s'attaquant ainsi à elle-même à travers ses œuvres, dans une sorte de vengeance face à toutes les souffrances que sa vie lui avait fait vivre : « Quand quelque chose de déplaisant m'arrive, je prends mon marteau et je fracasse une sculpture[11]. »

Son père fut enterré sans qu'elle fût mise au courant par sa famille et quelques jours plus tard, cette dernière la fit interner de force en asile psychiatrique. Elle avait quarante-neuf ans. Elle supplia tout son entourage de la sortir de cet enfer, tout à fait consciente de ce qui s'y passait, mais personne ne répondit à sa supplique. Son

11. *Id.*

> *frère Paul tant aimé, si complice durant leur jeunesse, la laissa durant quarante ans dans cette institution, et cette trahison se rajouta à toutes celles que Camille avait connues dès son arrivée au monde avec le rejet de sa propre mère.*
> *Elle ne quitta jamais ce lieu et y mourut en 1943, n'ayant jamais retouché à la sculpture et ayant vécu un véritable calvaire dans l'isolement le plus total.*
> *De nos jours, moins de la moitié de ses œuvres sont exposées dans des musées.*

Camille Claudel est hélas la représentation de toutes ces femmes que le côté passionné et absolu peut consumer. Elle représente également cette contradiction destructrice et déchirante : rester soi-même et plaire à celui que l'on aime.

La femme battue

Mais nul besoin de devenir une muse, touchée par la notoriété ou non, pour se bafouer.

La « femme battue » peut même en perdre la vie, comme l'actrice Marie Trintignant, morte en 2003 à la suite d'un œdème cérébral au bout de plusieurs jours de coma. Nombreuses sont celles en mal d'amour qui se sont habituées à subir, dans le souhait de répondre à la demande de l'autre et d'obtenir des marques de tendresse. Mais jusqu'où peut aller cette incapacité à réagir, cette difficulté d'autodéfense chez celles qui vivent avec la culpabilité de n'avoir rien pu éviter face à une situation dont elles ne sont généralement aucunement responsables ? Ce reproche d'avoir fait ce choix de vie n'est en général que la suite de ceux de l'ancienne petite fille qui a vécu entre un père ou/et une mère dévalorisant, voire humiliant et dégradant. Et ce n'est que lorsque la « faute » sera restituée à l'agresseur qu'enfin, elles se permettront de ne plus la porter sur leurs propres épaules.

Certaines ne subissent pas ces violences physiques. Mais les coups et l'agression psychique constants et pervers dont elles sont les victimes sont tout aussi destructeurs. Ce sont ces femmes qui se retrouvent soumises au harcèlement au sein de leur couple et à la manipulation insidieuse d'un compagnon dont le seul but est de la « décerveler » (cf. Racamier) dans un véritable processus de lavage de cerveau qui peut conduire au suicide. Il ne s'agit pas de la simple agressivité sous forme d'un conflit parfois même violent, mais de ce travail de sape souterrain, fait de silences et de messages contradictoires, qui donne alors à l'autre le sentiment de « perdre la tête » et de ne plus savoir qui il est. Car il n'est plus qu'un objet, un pion, aux prises avec la perversion de celui qui cherche à en détruire l'identité.

Nadine recevait au compte-gouttes injures, humiliations et sarcasmes par l'intermédiaire de mots blessants comme première arme utilisée par son mari qui ne se gênait pas, bien au contraire, pour porter ses coups en public. Elle avait fini par ne plus savoir qui elle était et avait la sensation de ne plus exister et de ne plus mettre de démarcation entre ses propres désirs, si minimes soient-ils, et ceux de son mari. Se sentant sous une telle emprise, même vis-à-vis de ses dépenses toujours vérifiées dans le moindre détail, elle était arrivée chez moi dans un état d'isolement profond, doutant d'elle au point qu'elle souhaitait en finir, épuisée, impuissante et ne pouvant que sans cesse se justifier comme une enfant prise en faute, tant son image se trouvait abîmée par ce travail de sape et de destruction souterraine.

La prise de son rendez-vous chez moi avait représenté la première touche de l'instinct de survie qui avait presque totalement disparu en elle. Cette ancienne petite fille choyée, protégée en tant que dernier enfant d'une nombreuse famille constituée principalement de garçons, n'avait jamais expérimenté la prise de responsabilités et n'avait jamais été confrontée à la prise de risque qui réside à l'origine de tout choix. Son univers douillet ne lui avait pas non plus permis de réaliser qu'il existe de la malfaisance dans le monde, ce que son compagnon avait bien perçu. Devenue femme, toute prise de position lui semblait synonyme de grand danger, et s'aventurer dans la prise d'une décision personnelle la mettait dans un véritable état de panique. Elle avait laissé ainsi s'infiltrer en elle son mari qui, avec son propre déséquilibre, était devenu à son égard l'image même du « harceleur », entravant le moindre de ses gestes dans sa vie quotidienne devenue un enfer.

Mais cet enfer s'amplifia et l'escalade perverse aussi le jour où elle prit la décision de partir, malgré la terreur que lui inspirait son mari. Elle vécut alors des situations encore inconnues avec cet homme qui, pris lui-même dans la spirale de la destruction, la piétina jusqu'à amener plusieurs femmes chez lui… Quand elle rentrait chez elle après trois jours de travail sur Paris, elle retrouvait les traces de leurs relations intimes : draps défaits, préservatifs utilisés non dissimulés, etc. Elle essaya bien de préserver son espace minimum, leur chambre, en la fermant à clef quand elle partait, mais le cauchemar continua car ce fut alors la chambre de leur fille, absente durant la semaine pour ses études, que son mari utilisa.

La crainte de perdre celui qu'elle aimait l'avait conduite à supporter bien des choses, mais ce sentiment s'était transformé en une véritable terreur qui la paralysait jusque dans ses moindres prises d'initiatives.

Au-delà de l'accompagnement thérapeutique pour lui permettre de retrouver une parcelle d'elle-même et d'affronter une situation devenue infernale, Nadine dut faire appel à une association venant en aide aux victimes de situations conjugales similaires, afin d'être également soutenue par une équipe juridique apte à la guider dans sa décision de divorcer. Ce ne fut qu'après deux grandes années quelle put enfin, ses bases une fois reconstruites, se séparer de son mari.

La violence n'a parfois pas de limite dans le raffinement de celui qui se nomme « pervers » et c'est dans son cœur qu'une femme peut se voir infliger des brutalités, par ces paroles qui détruisent et laissent parfois des séquelles dont le caractère est encore plus grave que pour les blessures physiques.

C'est aussi par leurs propres enfants que certaines se laissent malmener, que ce soit verbalement ou physiquement, comme cette épouse qui, tyrannisée dans son couple, avait fini au bout de nombreuses années par quitter le domicile conjugal et dont le fils disait : « Tu es bien avancée maintenant, tu te retrouves seule comme une conne chez toi », perpétuant dans ses actes et dans ses paroles le comportement abusif du père.

Dans le pourcentage de morts violentes chez la femme, il est relevé que 7 % sont à relier à des causes conjugales[12]. Chaque mois, six femmes meurent de violences conjugales[13].

Quant à la maltraitance par son propre adolescent, 30 femmes seules sur 50 la subissent, et surtout chez les mères dont l'enfant est particulièrement investi, note le psychiatre Boris Cyrulnik[14].

La perte de soi peut aussi conduire la femme à se prostituer, non seulement dans son âme mais aussi dans son corps, par quête d'un amour qui la conduit à ne devenir qu'un outil, une marchandise ou un bétail. Ce fut le cas de Marlène qui me raconta qu'à onze ans, elle s'était entendue dire par sa propre mère un jour qu'elle lui annonçait que son grand-père abusait d'elle : « La belle affaire ! Tu en verras d'autres ! » Comment aurait-elle pu croire à autre chose qu'à un corps tout juste utile à satisfaire l'homme à travers le sexe ?

Celle qui se donne à un amour impossible, niera sa propre créativité et cette belle énergie deviendra uniquement

---

12. Informations télévisées, France 2, 27 mars 2004.
13. Journal télévisé, TF1, 1er août 2003.
14. Boris Cyrulnik, colloque « Paroles d'enfants », 4 et 5 décembre 2003, Paris, Unesco.

cristallisée dans cette relation. Marlène Dietrich, Ava Gardner et bien d'autres donnèrent tout d'elles et de leur talent à des hommes et ont fini dans le plus profond désespoir, celui de l'amour-passion qui conduit à la plus grande des dépendances.

Contrairement aux muses qui, elles, nourrissent l'artiste, ces femmes prises dans le feu de la passion subissent cette « maladie d'amour » qui finit par les consumer et les déposséder d'elles-mêmes dans un total processus de déchirement. Sous prétexte de vivre des sentiments forts, elles s'abîment les ailes au fur et à mesure des obstacles, des freins et des multiples barrages qu'elles traversent dans une relation qui transforme la passion en brûlure.

Telle Marie, qui entama une relation passionnelle avec Alain, homme encore marié ; face à la demande intense de Marie qui, en amour, était prête à se donner tout entière, Alain recula, d'autant plus qu'il avait toujours été lui-même dans une grande difficulté à faire un choix, à trancher devant l'obstacle et à poser un acte. Pris de panique face à elle, il eut recours à des antidépresseurs qui rendaient son discours envers Marie distant et inaffectif, accentuant encore plus son indécision ; il acculait ainsi Marie à la douleur du manque, une angoisse qui la prenait au ventre quand il ne l'appelait pas au téléphone. Cette angoisse, nous l'avons connue lorsque nous étions tout petits et que notre mère s'absentait. Car dans toute histoire d'amour passionnelle où chacun se consume et se détruit, c'est bien de notre première relation à celle qui nous a fait naître qu'il s'agit, de l'angoisse suscitée en nous lorsque elle s'absentait fût-ce un court instant pour nous plonger dans les affres de la perte et de la mort insupportable.

La chanteuse Dalida, elle, tenta de se suicider à trois reprises avant d'y parvenir, et à chaque fois pour l'homme qui comptait tant pour elle.

C'est bien souvent à travers l'amour que l'on porte à un autre que l'on peut se révéler à soi dans une générosité totale et dans l'abandon entier de sa personne, comme tant d'autres qui ont succombé à l'alcool ou la drogue, dernier moyen de survie.

L'amoureuse repoussée : la vie de Maria Callas

> *À New York en 1923, Maria ne naquit pas au bon moment, elle dont la mère attendait un garçon pour la réparer du deuil du petit Omero qu'elle avait perdu quelques heures après sa naissance à la suite d'une méningite et sur la tombe duquel elle se retrouvait chaque année. L'enfant blond tant espéré fut en fait une petite fille grosse et noiraude dont la mère se détourna très rapidement, pour porter toute son attention sur sa fille aînée, dont la beauté et la grâce étaient unanimement reconnues. Ce manque d'amour conduisit dès son enfance Maria à se considérer comme manquant d'intérêt et à combler cette carence de tendresse par la nourriture qui provoqua un excès de poids qui s'ajouta à sa souffrance.*
>
> *Quand sa mère réalisa en entendant chanter Maria que celle-ci possédait un don, elle l'inscrivit dès l'âge de*

sept ans à des cours de piano où l'enfant découvrit que cet univers était bien le sien. « Toute enfant déjà, Carmen me fascinait ; elle a probablement décidé de toute ma vie[15]*. » Mais, malgré ses réussites à divers concours grâce à un travail acharné et à un goût pour l'effort très prononcé, Maria ne parvint jamais à obtenir réellement l'amour de sa mère. Ce manque la poursuivit toute sa vie et elle chercha ainsi sans cesse à se surpasser pour obtenir des gratifications et une image d'elle-même plus positive. Son premier professeur de chant, Maria Trivella, fut elle aussi un moteur pour elle ; puis ce fut le tour de sa « marraine fée », Elvira de Hidalgo, de poursuivre cet enseignement et de l'initier à l'art d'être une grande dame et de se comporter dans le monde. Elle fut en quelque sorte un peu comme sa mère de substitution.*

Dès l'âge de dix-sept ans, Maria signa de nombreux contrats en Grèce et aux États-Unis, où elle vit son poids déjà important dépasser les quatre-vingts kilos. Elle réalisa combien sa mère avait pu être source de destruction pour elle et ressentit à son égard de plus en plus de ressentiment. « La tigresse », comme on la surnomma, rencontra un homme d'affaires à Vérone, Giovanni Battista Meneghini, qui fut son premier amour, son protecteur et son confident. Elle l'épousa et ce fut à cette époque qu'elle rompit les liens avec sa mère

15. Roger Haveret, Eugenio Gara, *Maria Callas*, Éd. René Kister, « Les grands interprètes », 1957.

malgré la crainte qu'elle avait d'elle et de ses réactions. Ce mal-être provoquait chez elle des maux de tête, et des sautes d'humeur, liés entre autres aux doutes qui constamment l'animaient, sa peur de mal faire et son si grand manque de confiance. Bien sûr en découla un sens du perfectionnisme aigu et une tendance à l'extrême qui l'amena à dépasser ses limites. Intraitable vis-à-vis d'elle-même, elle l'était aussi pour son entourage.

Au sommet de la gloire et adulée dans le rôle de Norma à trente ans à peine, des remarques sur son poids ne firent que la blesser davantage : « Ses jambes étaient aussi grosses que les éléphants du spectacle », écrivit un journaliste. Alors avec la ténacité qu'on lui connaissait dès qu'un obstacle se présentait à elle, elle perdit à la suite d'un régime draconien une trentaine de kilos pour ressembler à celle qu'elle admirait, l'actrice Audrey Hepburn. Et ceci malgré une vie plus que surchargée entre voyages, spectacles et vie mondaine. Devenue mince et admirée pour sa nouvelle silhouette, Maria rencontra Visconti dont elle tomba amoureuse et qui était homosexuel. C'est à cette époque que sa gloire lui fit également vivre l'envers de la médaille, quand les journalistes publièrent les lettres écrites à sa mère où elle exprimait le rejet qu'elle ressentait à son égard. Ceci donna lieu à des scandales dont elle souffrit beaucoup à cause de son extrême sensibilité.

C'est la relation qu'elle entretint avec le riche armateur Aristote Socrate Onassis durant neuf années, qui fit prendre à sa vie un autre virage. Un homme de dix ans son aîné, qu'elle avait rencontré à plusieurs reprises à bord de son yacht en croisière sur la mer Égée. Elle se sépara de son mari, prise d'une passion extrême, comme elle l'était en tout, pour cet homme : « J'avais l'impression d'avoir été enfermée si longtemps que ma rencontre avec Aristo, cet homme si plein de vie, a fait de moi une autre femme[16]. »

Il lui arriva de plus en plus de faire passer son métier et son art après sa vie personnelle, et plusieurs concerts durent être annulés, provoquant la colère des directeurs d'opéras. Tout comme l'héroïne Norma qu'elle avait si souvent incarnée, Maria se trouvait écartelée entre sa vie ardente d'amoureuse et le caractère sacré de son art. Sa voix commença à l'abandonner : « On ne peut pas être le serviteur de deux maîtres », disait-elle. Mais Onassis était marié et ne souhaitait pas divorcer. Pourtant ce fut sa femme qui décida de partir et malgré cela, Onassis ne répondit pas à la demande en mariage de Maria qui voulait pourtant « vivre comme une femme ordinaire, avoir des enfants, une maison et un chien ». Car leur investissement dans cette relation n'était pas le même. Onassis s'éloigna peu à peu d'elle qui travaillait de moins en moins sa voix, tandis que sa mère publia à cette époque un livre peu élogieux à son sujet. S'ajoutèrent à tout cela de nombreuses critiques

---

16. Arianna Strassinopoulos, *Maria Callas : The Woman Behind the Legend*, Ballantine Books, 1982.

quant à ses concerts, jusqu'au jour où elle perdit sa voix lors d'une représentation de Norma.

Elle quitta la scène en 1965, face à un Onassis qui ne chercha qu'à l'humilier et à la rabaisser. À l'âge de quarante-trois ans, elle tomba enceinte, mais Onassis ne souhaita pas qu'elle garde l'enfant, elle qui souhaitait depuis si longtemps être mère. Tout comme elle avait sacrifié pour lui son art, elle décida d'avorter pour garder son amour. Jusqu'au jour où elle sut qu'elle avait été remplacée par une jeune femme tout juste veuve, Jacky Kennedy (qui portait le même prénom que sa sœur adulée par sa mère), et qui devint officiellement la femme de l'armateur en 1968.

Le mal-être s'infiltra alors en elle encore plus profondément et elle eut recours à divers somnifères pour fuir cette souffrance d'abandon qui la renvoyait à nouveau face à celle qu'elle avait connue depuis sa première enfance. Elle se jeta dans le travail de façon forcenée, et tourna pour le cinéaste Pasolini Médée, personnage auquel Maria s'identifia totalement pour plonger dans l'univers de cette femme représentant l'amour rejeté. Mais sa relation avec Onassis ne se termina pas là car il y eut encore des retrouvailles et des ruptures qui la conduisirent à l'absorption trop grande de somnifères. Et pourtant elle fut là, toujours présente quand celui-ci vécut toute une série de drames, la perte de son fils dans un accident, son déclin financier et ses problèmes de santé. Quand il décéda en 1975, Maria sombra de plus en plus. Ce fut aussi l'époque où elle perdit ses amis les plus chers, comme Visconti et Pasolini, et se retrouva de plus en plus seule, après avoir été ovationnée par le monde entier : « Je n'ai plus rien. Que vais-je devenir ? » Jusqu'au jour où en 1977, à cinquante-trois ans, elle s'écroula dans sa salle de bains parisienne, terrassée par une crise cardiaque.

Durant toute sa vie d'artiste, celle qui était appelée par son public La Divina, ne cessa d'avoir un parcours similaire aux héroïnes qu'elle interpréta, toutes des reines, de grandes amoureuses romantiques ou des enchanteresses. Comme Norma, princesse druidique, un de ses rôles préférés, qui se donne elle-même la mort, comme Tosca, Médée où elle exprimait enveloppée dans un manteau rouge sang la fureur et la vengeance, Isolde (de Tristan), Lucia qui devient folle, toutes ces femmes qui finirent dramatiquement.

Et la mal aimée par une mère n'ayant jamais pu l'accepter, ne cessa de chercher au-dehors ce qui aurait pu réparer cette béance ; mais en vain.

La dépression ou la douloureuse quête de soi

« La plupart des gens considèrent leurs conditions de vie comme difficiles, leurs épreuves et leurs tourments, leurs terreurs et toutes les pertes comme une malédiction, une punition de Dieu, quelque chose de négatif. Si seulement on pouvait comprendre que rien de ce qui nous arrive n'est négatif, et je souligne : absolument rien ! Toutes les épreuves et les souffrances, même les pertes les plus importantes, ainsi que tous les événements dont on dit par la suite : “Si je l’avais su avant, je n’aurais jamais cru pouvoir tenir le coup”, sont toujours des cadeaux… On ne peut pas grandir psychiquement en étant assis dans un beau jardin où l’on vous sert un succulent dîner sur un plateau d’argent. On grandit si on ne met pas la tête dans le sable, mais qu’au contraire, on accepte la souffrance en essayant de la comprendre, non comme une malédiction ou une punition, mais comme un cadeau fait dans un but précis[17]. »

Ce « mal du siècle » comme on le nomme, ce véritable chemin d’initiation, n’est malheureusement pas toujours perçu sous cet angle. « Quand on ne diabolise plus, on psychiatrise », disait Michel Cazenave, psychanalyste jungien. Ce qui était diable et sorcellerie il y a longtemps et voué au bûcher est de nos jours maintenu sous la tutelle psychiatrique et médicamenteuse. *La dépression, une maladie ou une chance ?* Ce titre de l’ouvrage de Moussa Nabati en dit long[18]…

En effet, nous sommes bien éloignés de ces tribus chamanes. Chez ces êtres à la fois homme et femme, accéder à cet androgynat, à cette unité psychique, demande une initiation qui est toujours mise en place, comparable à certains phénomènes pathologiques. Et pour faire partie de cette famille, la crise psychopathologique, le passage par la « folie » en quelque sorte doit s’effectuer. Dans un rite, imaginaire bien sûr, les esprits les démembrent à l’aide

---

17. Élisabeth Kübler-Ross, *La Mort est un nouveau soleil*, Press Pocket, 1990.
18. Moussa Nabati, *La Dépression, une maladie ou une chance ?*, *op. cit.*

d'outils effrayants, cassent les os, les bras, les jambes, font une bouillie des chairs pour ensuite les recomposer, afin de leur permettre de renaître dans leur totalité.

La chute dans les abysses lors de ce démembrement psychique n'est en fait pas différent de la phase de « creux dépressif » qui donne lieu à la renaissance. Mais nous sommes à mille lieues, dans notre vision actuelle des choses, de cette perception chamanique !

La vie d'une femme est marquée par deux grandes phases, celle de l'adolescence et celle de la ménopause. Ce dernier passage représente la perte de la possible maternité, celle de nos règles, avec la crainte de la fin de notre vie sexuelle. C'est l'époque où les enfants partent ou ont déjà quitté le nid, avec la douleur du vide que cela suscite. Nous avons rangé ce qui était jusque-là leur chambre, retrouvé dans de menus objets tout un flot de souvenirs qui nous remontent, les larmes aux yeux, à la mémoire : collant de danse retrouvé au fond d'un tiroir, sac de billes oublié depuis longtemps dans un coin, photos d'anniversaire, cahiers de découpage et de collages de classe maternelle…

C'est aussi pour certaines l'arrivée d'un petit-fils ou d'une petite-fille, qui nous projette inexorablement vers le troisième âge à venir. Si nous acceptons la vieille femme en nous qui s'approche pas à pas au cours des ans, cette phase nous permettra de nous faire profiter de sa sagesse. Pour certaines, ces changements physiques brutaux seront plus difficilement vécus car ils pouvaient représenter le moyen d'être reconnues. Courant vers ce but depuis l'enfance, celui d'être aimée, cette période est difficile car c'est une véritable mue qui s'opère.

C'est pourtant là que s'offre à nous l'occasion d'effectuer un virage, en prenant soin de nous, en apprenant d'autres choses, en se plongeant dans la lecture ou les voyages, l'occasion d'exister pour nous... Tout simplement en reprenant contact avec nos désirs, nos envies, une façon de nous dorloter enfin, après avoir tant dorloté les nôtres et présenté une surface polie, bien lisse où rien ne se laissait entrevoir.

Anne ne pouvait se passer de son jogging qu'elle pratiquait avec sa grande amie. Michèle s'était mise à effectuer des stages de bien-être qui lui permettaient de retrouver son corps. Florence, elle, s'offrait chaque matin une cure de pollen d'abeilles qui lui mettait le cœur en joie à chaque levée du jour... À chacune notre « truc » pour se rendre la vie belle, qu'on ait cinquante, soixante ans et bien plus...

Jean Shinoda Bolen remarque que les femmes à cette phase de leur vie retiennent leur sang menstruel et l'énergie qu'il représente et donnent naissance à leur sagesse intérieure au lieu de donner naissance à des enfants[19]. Cette sagesse représentée par Hécate, la déesse à la vertu visionnaire et pleine de recul.

Mais cette période de transformation tardive aura pu se trouver précédée par celle du milieu de la vie, cette fameuse « quarantaine héroïque », souvent nommée « crise du milieu

---

19. Clarissa Pinkola Estes, *Femmes qui courent avec les loups*, *op. cit.*

de la vie » ; celle qui succède à l'époque où nous étions plus jeunes et prises davantage par la vie extérieure : les études, l'installation dans une profession, la construction de la famille avec le mariage et l'arrivée des enfants. Plus tard, c'est au contraire le retrait vers une vie plus intérieure qui fait perdre à nombre d'entre nous, hommes et femmes confondus, nos anciens repères vers trente-cinq/quarante ans, et parfois au-delà. Celle où l'on quitte un idéalisme lié au déni de la mort, où l'on fait le deuil de l'enfance et de la jeunesse pour aborder l'inéluctabilité de notre fin. C'est lors de cette crise que surgit cette angoisse dépressive, semblable à celle que nous avons éprouvée nourrisson, quand nous avons dû quitter l'idée de notre toute-puissance et de notre plein pouvoir sur le monde, et aussi sur notre mère et ses allées et venues. Cette phase nous permet de réaliser que nous ne serons jamais le centre de l'univers.

C'est à cette période fragile que nombre d'entre nous mettons en place tout un système de défenses afin de nier l'évidence, avec diverses tentatives pour rester jeunes, des préoccupations excessives concernant notre santé et notre apparence extérieure dans le sport à outrance ou les soins corporels abusifs.

C'est là que le virage délicat peut emprunter la voie de la « dépression », cet état qui nous tombe dessus sans crier gare, tel un bouleversement sismique auquel on ne comprend rien, ce « mal de vivre » qu'évoquait déjà Chateaubriand et qui bien souvent se relie à la conscience de notre mortalité. Ce mot qui, dès qu'on le prononce, provoque la honte de celui qui la vit ou la peur de son entourage, devant ce mal mystérieux difficilement définissable et encore plus ou moins associé à la folie. Il paraît qu'une femme sur dix va la connaître, alors que parmi les hommes, un sur vingt sera dans ce cas[20], sans doute parce que la femme s'autorise à accepter sa faiblesse et à effectuer une remise en cause de son monde intérieur.

Camille se souvient de la blessure qui plusieurs années après l'a fait chuter dans le désespoir : la mort dans son corps à la suite d'un avortement. La jeune femme était en fait rongée par la culpabilité d'avoir, pour son compagnon, accepté une interruption de grossesse quand elle avait vingt-deux ans. Trois ans s'étaient pourtant déroulés depuis, dans un sentiment d'impuissance totale pour n'avoir pu faire autrement. « Je porte en moi la mort, disait-elle. Depuis trois ans, je suis moi-même devenue une tombe. » Comment aimer la vie quand on a bâillonné une culpabilité depuis si longtemps que le deuil n'a pas encore été accompli et qu'aucun autre enfant n'est venu ? Dans le cas contraire, quel regard cette maman, jusque-là prisonnière de ce proche passé, aurait-elle porté sur cet enfant qui en naissant n'aurait vraisemblablement été que le réparateur d'un enfant mort ? Camille au travers de son voyage psychothérapeutique découvrit pas à pas un sens à sa douleur et retrouva la joie de vivre. Elle eut avec son mari une petite fille. Mais il fallut que se déroule le temps nécessaire pour que le goût de vivre s'autorise à refaire surface…

---

20. Émission télévisée : *Psychologie*, 5e chaîne, le 11 avril 2004.

C'est bien souvent d'une détresse, d'un vide existentiel dont il s'agit. « Le sentiment d'une vie dénuée de sens n'a en soi rien de pathologique… Je dirais plutôt qu'il prouve qu'on est humain[21]. » Et il en est de même du rapport entre la toxicomanie et la quête du sens de leur vie chez les jeunes qui y succombent.

Edith Weisskopf-Joelson, professeur de psychologie et citée par Victor Frankl, affirmait : « Notre philosophie actuelle sur la santé mentale insiste sur la nécessité d'être heureux et considère la tristesse comme un signe d'inadaptation. Ce système de valeurs ajoute peut-être au poids d'une tristesse inévitable celui de la tristesse d'être triste. » Et je rajouterais aussi que s'y associe le poids de la honte. Non seulement celui qui est touché par cette recherche de sens est dans le désarroi le plus profond, mais il se le reproche également, ce qui représente une seconde souffrance qui s'ajoute à la première. Et comment faire autrement quand autour de vous flottent ces paroles : « Comment peux-tu être si malheureuse dans une si belle région que la nôtre, et puis tu as un travail et de beaux enfants ? » Quand on touche le fond, le dehors n'existe plus car le monde du dedans n'est que plaie ouverte et blessure profonde. Et quelle solitude aussi face à ces réactions de l'entourage !

Pourtant, nulle émotion n'est à bannir et toutes sont légitimes, ni bonnes ni mauvaises. Mais c'est quand elles sont frappées d'interdit et que leur droit d'existence est bafoué qu'elles deviennent forces de destruction.

---

21. Victor Frankl, *Découvrir un sens à sa vie*, Édition de l'Homme, 1988.

Elles sont nombreuses les situations qui nous conduisent à l'épuisement, à la mise à terre, quand on refuse d'être ce qu'on est devenue, et que notre feu intérieur semble nous avoir totalement désertées. Regardez autour de vous toutes ces femmes qui à notre époque sont de véritables naufragées du monde du travail et de l'entreprise.

C'est alors qu'un sentiment aigu de vide s'installe, d'apathie et de désintérêt, alors qu'en réalité, notre énergie est bien là, tapie au fond de nous et cherchant désespérément, et sans savoir comment, à voir le jour. C'est cette image du vide qui permet le passage d'un monde à l'autre et que toutes les voies mystiques connaissent.

Cette sensation d'épuisement, qui bien souvent touche au désir de perfection, nous a poussées dans nos derniers retranchements ; cette perfection qui n'existe pas car les sommets sont toujours vides car inaccessibles. « Même les oiseaux n'y habitent pas » (Marie Madeleine Davy).

Il s'agit bien d'un prix à payer pour devenir celle qu'on n'a jamais osé être ; celle qui n'est jamais remontée à la surface de peur de nuire aux autres. Certains enfants ont la chance de réagir à cet enfermement éducatif qui leur demande de se conformer à l'impossible. Comme pour Aline qui souillait ses culottes. C'était le moyen qu'elle avait choisi du haut de ses sept ans pour « emmerder », pour dire non à la mise sous tutelle que sa mère lui imposait, non pas cette fermeté éducative qui pose les justes limites mais cette invasion par l'adulte qui le rend incapable de se mettre à la place du ressenti de l'enfant. Pour garder le vivant qui était en elle et qui devait l'emporter sur le carcan, son corps réagissait ainsi.

Peut-être a-t-on choisi de se munir d'une armure protectrice contre les chocs de la vie, comme Irène qui avait perdu son enfant de quelques mois et qui, dans son désir de contrôler ce tremblement de terre, avait plongé les premiers temps dans un activisme débordant car s'immerger dans sa souffrance lui était impossible. Alors elle se « gela » de l'intérieur, entra dans une grande période d'hibernation et verrouilla toute émotion et désespoir. Mais comme dans tout travail de deuil, elle dut franchir des étapes incontournables où nul raccourci n'est possible. Soudain ce fut la désorganisation totale, avec cette impression de devenir folle qui la submergea. Le déchirement et le désespoir recouvrirent tout. Après le déni, les émotions se libérèrent tel un raz-de-marée, les sensations de confusion, de colère et de rage toutes mélangées. Car les émotions, on ne les choisit pas, elles vont et viennent sans qu'on puisse y faire quelque chose quand la peine est trop profonde.

Irène traversera les différents paliers qui la conduiront après cette libération incontournable, à se réapproprier sa vie, cette épreuve étant comme bien souvent une sorte de bénédiction cachée. C'est grâce à ses moments de solitude dans un jardin dont elle créa de ses mains la beauté, les couleurs, les odeurs que, peu à peu, elle reprit contact avec elle. Grâce aussi à la nature, la grande guérisseuse…

Elle se permit d'ignorer ces petites phrases : « Allez, secoue-toi…, bouge…, ne te laisse pas aller… Tu as pourtant tout pour aller bien… », qui la renvoyaient à un sentiment d'incompréhension encore plus insupportable, elle qui n'aspirait jusqu'au tréfonds d'elle-même qu'à « ne rien faire » ; ces petits mots prononcés par un entourage aimant et plein de bonne volonté qui amplifiaient sa solitude par le fossé immense qu'ils continuaient à creuser et qui la séparait de son besoin vital, mais qui lui faisait si peur, de se « laisser aller ». Il est pourtant nécessaire d'apprendre que plus on lâche prise sur le combat, plus la douleur s'atténue. Plus on abandonne notre image idéale, solide, forte, active, plus vite on quitte aussi le sentiment de déception. Car la dépression n'est qu'un immense désenchantement de soi, de son incapacité à correspondre dans la réalité à son idéal. Et cette blessure remonte bien souvent très loin…

Isabelle, pour sa part, ne s'autorisa jamais à vivre pleinement et un jour, à l'âge de trente ans à peine, elle aussi « craqua ». C'est en réalisant que depuis sa petite enfance, depuis le décès brutal de sa jumelle quand elles avaient toutes deux cinq ans, une partie d'elle-même avait disparu avec sa sœur, alors que l'autre partie s'en voulait d'être encore en vie.

Par crainte de n'être plus aimées par notre mère, comme lorsque nous étions petites, nous nous quittons nous-mêmes et, telle la plante qui n'a pas reçu d'eau, nous négligeons ce qui nous est vital. Un jour, la sensation de mourir nous étreint. Et ces mots reviennent sans cesse : « J'ai pourtant tous les miens mais je ressens un grand vide et en même temps, un immense poids. Je croyais pourtant que cela ne m'arriverait jamais, que j'étais assez forte et que je n'aurais jamais besoin d'être aidée. J'étais si dynamique avant… J'ai voulu tout garder pour moi et ne pas déranger les autres, mais à force, mon masque est tombé. »

Car nous n'avons pas su préserver notre profonde sensibilité face aux dangers de l'extérieur. Et quand nous ne l'avons malheureusement pas protégée par un enclos symbolique, elle court le risque d'être livrée en pâture à certains. Le mal-être fait son apparition, et cette descente au fond de l'abysse est le seul moyen de découvrir au fond de nous la petite flamme qui y est toujours tapie mais prise dans les filets de nos peurs.

« Si le plaisir est méprisé, la peine rappelle au vivant qu'il est vivant », dit Yves Prigent.

Comme pour le serpent, ancienne déesse féminine de l'instinct, c'est la nécessaire mue pour renouer avec notre moi intime qui nous permet d'écouter à nouveau « notre petite musique intérieure », selon les mots de Shakespeare, le monde de nos plaisirs et de nos désirs. À l'instar de ces femmes dont la frigidité leur rappelle ces interdits.

Cet état autorise le retour à soi que le psychiatre Yves Prigent a concrétisé sous la forme d'un service hospitalier aménagé pour faciliter le retour à cet espace « du dedans » (Henri Michaux), à notre intériorité, grâce à un cadre semblable dans sa structure à celui des cloîtres et des couvents ; ces lieux coupés des sollicitations et des remue-ménages extérieurs permettent de se recentrer au plus profond, comme dans un espace de retraite qui nous oblige à nous immobiliser, à tout stopper ; pour faire silence et regarder.

« Durant toute ma vie, dit Fabienne, je n'ai jamais rien pu refuser à ma mère. Je me disais que si je ne tenais pas compte d'elle, elle en mourrait ou me rejetterait. Puis je suis devenue à mon tour mère et elle a accaparé ma vie et celle de ma petite fille. Je me suis sentie de plus en plus dépossédée et j'ai sombré. Jusqu'au jour où j'ai réalisé que je devais reprendre ma place d'adulte, ce qui fut très dur. Mais je compris que mon existence n'avait été jusque-là qu'un énorme compromis, par peur de perdre l'amour de ma mère. Quand j'ai pu lui dire non, j'ai réalisé qu'aucune de nous deux n'en était morte et que rien de terrible n'était arrivé. Toutes ces années où j'avais tant limité ma personne… »

Ce passage se révèle incontournable et notre moi peut voler en éclats à tel point que tout système de références semble avoir disparu. Il ne nous reste plus qu'un sentiment de démembrement, d'absence d'identité. Mais tout cela n'est que la marque du changement profond qui est en train de s'amorcer, car ce vide abyssal est là pour nous ouvrir à la lumière.

La vie a ainsi cloué au sol certaines et les a contraintes à garder le lit. Il fallait cela, et rien que cela, pour faire silence, pour tout stopper, pour entendre « notre chant fondamental » (Yves Prigent). Pour que cette si grande obscurité permette l'entrée de la lumière: « La grâce comble, mais elle ne peut entrer que là où il y a un vide pour la recevoir[22]. » C'est ce que nous ressentons, mais sans en avoir conscience alors, quand nous soupirons exténuées: « Je voudrais être seule, partir je ne sais où, mais avoir la paix et un espace rien que pour moi. »

---

22. Simone Weil, *La Pesanteur et la grâce*, Plon, 1988.

Ainsi Marie s'autorisa-t-elle un beau jour à passer le cap à force d'avoir déserté son monde du dedans. Comme elle avait jusque-là « bourré » sa vie, selon son expression, dans un emploi du temps effréné, elle remplit nos premières séances de paroles abondantes, se succédant les unes aux autres. Elle comblait ainsi tout risque de vide. Puis elle se surprit à plonger dans de longs de temps de silence qui la ramenaient doucement vers sa réflexion profonde. « C'est incroyable, disait-elle, pleine d'étonnement devant ces plages sans paroles qu'elle s'autorisait avec de plus en plus de plaisir, jamais auparavant le silence ne m'avait tant remplie et apaisée… » Tout comme ses larmes qu'elle ne cessait de verser depuis quelque temps : « Je me sens si fragile ; mais je sors des glaces, je revis, je sens mon sang qui circule à nouveau, comme mes larmes qui coulent. Je crois bien que mon armure est tombée… »

Cette phase vient nous surprendre quand n'a pu émerger notre noyau intérieur à travers l'accomplissement d'une œuvre d'art ou dans l'épanouissement de la vie quotidienne, quand l'existence nous a éloignées du lieu de notre enthousiasme et de notre désir de vie. Alors domine cette phase d'inertie et d'apathie où la vie semble en apparence vidée de tout intérêt.

C'est pourtant lors des moments de mise en tombe avec la sensation de mort qui l'accompagne que la transformation sera rendue possible, car quelque chose est en train de germer et d'incuber dans les profondeurs. Et c'est avec la souffrance que se révèle le vrai ; quand le mur de la prison saute, la musique intérieure commence à se faire entendre.

J'ai bien souvent fait la rencontre de celles qui au-delà de leur souffrance surchargeaient celle-ci d'un véritable état de panique. Panique face à cet état de vulnérabilité dans lequel nous nous trouvons, et qui rompent avec l'image de « femme forte ». Panique aussi face aux autres qui ne nous reconnaissent plus et que nous renvoyons à leur propre peur. Panique ressentie d'autant plus fortement que l'on n'a pas le droit de la vivre, au nom de la dictature du bien-être, de la bonne humeur, de la bonne santé et de la jeunesse ; alors toute tragédie personnelle devient comme une malédiction à éradiquer.

Pourtant l'acceptation et la reconnaissance de cette vulnérabilité rend plus léger et libère ; et chose surprenante, qui relève du paradoxe, c'est à ce moment justement où nous côtoyons avec humilité ce côté inacceptable de nous-mêmes que notre force peut enfin resurgir. C'est notre « ressort invisible[23] », celui qui permet en nous ce retournement.

L'alcool et les dérives alimentaires

« Comment voulez-vous que je me supporte dans mon état ? Je me déteste, je ne suis plus bonne à rien, je ne me reconnais plus moi qui était si forte et dynamique », disait Solène qui, depuis toute petite, avait soutenu sa mère seule dans ses tentatives de suicide et son alcoolisme, avec toute la honte que cela générait en elle et qui pour une grande part fondait son profond mal-être.

---

23. Gustave Nicolas Fischer, *Le Ressort invisible*, Seuil, 1994.

Sylvie n'était jamais parvenue à s'accepter depuis ses six ans. Non seulement son père lui infligeait des attouchements mais sa mère, comme cela peut arriver, en était complice. Elle se souvient que la fois où elle s'était défendue, son père l'avait brutalement jetée contre le mur ; et comme elle se plaignait à sa mère en pleurant, la réponse obtenue de sa part fut : « Tu n'avais qu'à être gentille avec papa. » Quelle sensation d'isolement...

La drogue, la chute dans la maladie mentale, le suicide sont autant de voies pour essayer de rester soi-même et ne pas rentrer dans un moule qui ne vous appartient pas.

Tout comme l'enlisement dans l'alcool qui ne parvient pas à remplir d'amour celle qui en a tant besoin et le recherche désespérément.

Myriam n'a jamais perdu sa force qui malheureusement se trouvait noyée dans son histoire, les relations qu'elle entretenait avec les autres et dans l'alcool. Elle me décrivit comment son enfance s'était déroulée dans un bain de marchandages et de manipulations avec sa mère « malheureuse à en mourir », disait-elle à sa petite fille quand elle n'agissait pas selon son bon vouloir. Une mère qu'elle décrivait comme « glacée » et ne la prenant jamais dans ses bras.

Quand je fis la connaissance de Myriam, elle avait déjà cherché diverses aides, comme si son désir de s'en sortir était présent mais qu'il butait également contre sa peur de « lâcher » cette ancienne dépendance aux chantages. Elle avait ainsi fait partie d'un groupe d'Alcooliques anonymes mais avait un jour tout stoppé. « Et pourtant je crois que je commençais à aller mieux. » Mais son rôle de victime lui collait tant à la peau que la petite lumière vivante et chaude qu'elle sentait tout au fond d'elle, celle qui lui donnait des ailes, ne se faisait sentir qu'à des moments très fugitifs et si brefs qu'elle se perdait à nouveau dans ce qui lui était le plus coutumier. Ainsi ses enfants l'avaient-ils retrouvée en boule au fond du jardin au milieu d'un tas de vieilles feuilles, « une sorte de purin, disait-elle, le seul endroit où je me sentais chez moi ».

Elle avait par la suite rencontré le père de ses enfants, dont elle avait fait le jeu manipulatoire, à la suite de celui de sa mère et dans le même scénario. Elle continuait à exercer un métier qu'elle ne supportait pas, car se disait-elle, « si tu ne le fais pas, ça ira très mal pour toi », ayant intégré au plus profond d'elle-même le petit chantage maternel qu'elle s'appliquait maintenant et en faisant siennes les anciennes paroles entendues si souvent.

Cela demanda à Myriam un certain temps pour qu'elle puisse se dégager de cette « seconde nature » et elle interrompit à diverses reprises nos entretiens. Mais chose nouvelle pour elle, elle cessa d'aller d'un psychothérapeute à un autre, surmontant en quelque sorte sa peur d'aller mieux. Sa petite voix intérieure, la sienne et non celle de sa mère, se fit entendre et lui permit de quitter son statut d'enfant manipulée. Elle changea de place au sein des Alcooliques anonymes en prenant à son tour en charge ceux qui n'avaient pas encore trouvé leur chemin. Et surtout elle apprit à prendre soin d'elle avec la même douceur qu'une mère a pour son enfant.

D'autres choisiront la boulimie. Ainsi que le disait cette adolescente : « Il faut que je mange, car je ressens un vide insoutenable, dans moi, dehors. Alors il me faut me remplir, me rendre pleine, et je ne peux pas faire autrement. » Ou une autre : « J'ai une sensation intolérable quand je me sens seule, comme quand j'étais petite et que ma mère me manquait, et je mange pour m'apaiser ; et puis je vais vomir, comme ça je fais de la place pour me remplir à nouveau. » Comme pour l'alcool, différer ce désir implacable devient insoutenable, celui du gouffre intérieur, du trou existentiel qu'on cherche désespérément à remplir, mais qui en même temps provoque une immense culpabilité et un dégoût de soi, qui oblige à se vider à nouveau, dans un cercle infernal où le châtiment domine.

D'autres encore suivront « ce désir acharné de se décharner » (Moussa Nabati) et seront conduites par ce culte du corps exhibé, jeune et parfait. Cette anorexie que les peuples noirs ne connaissent pas nous touche beaucoup plus que les hommes, car elle nous rappelle souvent le lien avec notre mère, à la nourriture qui la représente et dont il nous faut nous détacher. C'est une épaisse carapace que ces femmes ont érigée et derrière laquelle domine la maîtrise qu'elles exercent sur elles-mêmes.

Quand la femme porte nuisance aux autres

Mais il arrive bien souvent que la dégradation de soi-même conduise à porter nuisance également aux autres et à son entourage. Ces femmes vivent alors leur propre souffrance en faisant « payer » les leurs, en se rendant nocives vis-à-vis d'eux. Dans les contes, si la femme se révèle passive et dépendante de l'homme qui la sauvera, elle est également représentée sous la forme de la sorcière ou de la marâtre malveillante. « On a calculé que dans les contes de Grimm, 80 % des personnages négatifs étaient des femmes[24]. »

Il en est ainsi de celle qui bat son enfant, et qui bien souvent se trouve prisonnière d'un processus de répétition.

On peut aussi porter par exemple son regard sur le cadre scolaire qui peut, lui aussi, donner lieu à des « règlements de comptes », source de grande douleur pour les enfants qui en sont les victimes. Certaines enseignantes par exemple refusent au petit élève de s'accomplir, comme on le leur a sans doute refusé à elles-mêmes. Actuellement où l'intelligence est davantage prise en considération dans tous les sens, y compris dans celui de la précocité, il arrive malheureusement à ces enfants à la personnalité bien particulière que leur soit refusée leur identité. Les parents de ces enfants se retrouvent alors dans l'obligation de se battre pour que soit reconnue leur différence avec le passage anticipé en classe supérieure qui s'impose. Je ne parle pas de ces parents qui veulent faire du *forcing*, mais de ceux qui, avec justesse, cherchent à faire respecter le rythme réel de leur enfant. « On n'en a rien à faire des enfants précoces, nous, on s'occupe des enfants normaux, a-t-il été déclaré à un jeune

---

24. Ugo d'Ascia, « Onore volmente cattive », dans *Noi donne* n° 50, décembre 1971, cité par Elena Gianini Belotti dans *Du côté des petites filles*, *op. cit.*

couple désespéré venu me trouver. Si vous souhaitez faire sauter une classe à votre fils, vous assumerez son échec ! »

Quand la nuisance a lieu au sein de la famille, elle ne s'arrête malheureusement pas à ceux qui la subissent aux premières loges ; le processus de répétition dont nous avons tous tant de mal à nous dégager entraîne ces malfaisances sur les générations futures, comme dans l'histoire que Michèle m'a contée. Car la chaîne des nuisances peut s'installer pour très longtemps…

Élevée par un père autoritaire, Michèle trouva en Louis un homme tout à fait différent, voire opposé, car il se montra rapidement de tempérament effacé et peu enclin à prendre des décisions. Lui, par sa propre histoire, avait davantage besoin d'une femme dominante comme l'avait été sa propre mère – ce que n'était pas Michèle, bien au contraire. Ils se marièrent, eurent quatre enfants puis leur chemin se séparèrent et très rapidement, Louis trouva en sa seconde épouse, Anne, la femme dominatrice qui lui convenait.

Luc, le second fils de Michèle, tomba amoureux de Martine et se comporta d'emblée avec une certaine soumission face à sa jeune femme à l'autoritarisme redoutable. Bien sûr, au cours de leurs disputes, Luc élevait lui aussi la voix, mais cela n'allait pas plus loin et ses actes ne suivaient jamais ses paroles. À l'instar de son père, toute prise de position concrète lui était difficile. Martine, elle, dernière enfant après trois frères, se trouva dès son plus jeune âge adulée par son père, lui-même très dominateur au sein de son propre couple. La petite fille, dans ce cas, n'avait qu'une alternative : ou elle se soumettait à son père, ou au contraire elle s'y identifiait, en ignorant sa mère plutôt effacée.

Rien n'est laissé au hasard dans le choix de nos relations amoureuses, loin de là ! En choisissant Luc, Martine épousait un homme qui s'était identifié à un père au contraire très effacé. Tout était donc en place.

Puis la petite Marie naquit. Martine et la nouvelle épouse de Louis, Anne, se lièrent d'amitié ; proches de tempérament et réunies par une histoire similaire, elles réagirent l'une comme l'autre en miroir dans le désir de « séparer pour mieux régner ». Martine entra à son insu dans ce processus grâce aux subtiles manipulations d'Anne. De nombreux liens se détériorèrent au sein de la famille et le ver s'installa dans le fruit.

Michèle fit tout ce qu'elle put pour éviter les vagues, malgré les essais répétés d'Anne pour abîmer les liens unissant les enfants à leur mère. Elle dut, dans l'ombre, s'imposer sans relâche, avec une grande ténacité, pour garder sa place de mère et de grand-mère. Elle dut aussi faire preuve de patience et de subtilité face à une situation qui provenait de l'incapacité d'Anne à supporter le lien chaleureux et aimant qui subsistait entre son mari, Michèle et leurs enfants. Anne s'était au contraire évertuée à détruire, au-delà du divorce, un lien familial qu'elle n'avait pas eu la chance de connaître.

Comme tout se répète de façon parfois effrayante quand on en prend conscience ! Michèle avait déjà souffert lors de son propre mariage d'une belle-mère elle aussi très écrasante. Le scénario reproduit était bien là, et Michèle revivait avec la belle-mère de ses enfants ce qu'elle avait déjà vécu elle-même longtemps auparavant…

Troisième partie

Et voici l'éveil…

Les saisons de la gestation

Parcours et métamorphoses

> *« Le voici pris par le souffle du dedans, saisi de vertige, tel un brin de paille que la tempête conduirait à son gré. C'est là encore une illusion. Il n'y a pas de tempête, seulement une brise très douce, pleine de tendresse qui accélère son entrée dans sa dimension de profondeur... »* (Marie-Madeleine Davy)

Puis un jour, la phase de dégel, celle qui annonce l'arrivée du printemps, celle à laquelle on ne croyait plus, va enfin arriver. Comme dans la nature, les beaux jours ne sont pas encore là mais ce qui a été semé va doucement éclore. Il faudra parfois du temps...

Lorsque nous nous sentons près de toucher le fond, deux voies s'offrent à nous : nous pouvons choisir la folie ou opter avec un immense courage pour la transformation. Celle-ci ne se manifestera pas toujours selon une ligne droite et les indices, semblables à ceux d'une carte routière, ne nous seront pas forcément clairement définis au départ.

Dans les contes, c'est la phrase initiatique : « Il était une fois », qui nous guide de signes en épreuves jusqu'au dénouement sécurisant. C'est sur eux qu'il nous faudrait calquer nos pas et prendre modèle. Ils racontent comment oser frapper à une porte, comment ouvrir une fenêtre ou pénétrer dans l'épaisseur inconnue d'une forêt, car chaque ouverture signifie apprendre davantage sur nos secrets intimes.

Apprendre à trouver notre voie consiste à effectuer le juste tri entre ce que l'on est réellement et ce que la vie, la culture ou le « façonnage » familial et éducatif nous ont amenées à devenir, ce « semblant d'être ». Comme Clara, que sa mère souhaitait modeler à sa convenance en lui collant de grands morceaux de sparadrap dans le dos afin qu'elle apprenne à se tenir bien droite.

Un vrai dépouillement se doit d'intervenir, une rupture d'avec nos « peaux factices » enlevées les unes après les autres, comme durant la descente aux enfers de la déesse Perséphone. Il y aura inévitablement une phase déroutante par son aridité et une plongée dans nos zones d'ombre avant de rencontrer notre lumière féminine, au bout du chemin. Et rester sans cesse en état d'alerte sera nécessaire, devant les nombreuses tentatives de nos propres démons de nous détourner sans cesse de notre voie, alors que nous étions persuadées d'être parvenues au bout de nos épreuves.

Le parcours initiatique

« Je vous le dis, il faut encore avoir du chaos en soi pour mettre au monde une étoile dansante. » Nietzsche.

Pour faire jaillir cette force que l'on pourrait croire brisée dans les fracas de l'existence, il va nous falloir beaucoup d'endurance et surtout ne pas céder au découragement dans l'aventure. La foi en cette force qui nous anime, même dans les moments les plus difficiles, est là pour nous faire rebondir et nous aide à remonter à la surface. C'est cette opportunité de « résilience » que malheureusement certains possèdent moins que d'autres – car on ne naît pas forcément avec ce cadeau –, cette capacité de transformer le mal subi en beauté lumineuse et brillante, l'obscur en étincelle de vie. Comme le disait Bergson : « L'homme qui tombe dit : voyez comme je danse… »

Le conte de *La Jeune Fille sans main* est un de ceux qu'on retrouve dans différents ouvrages[1], récents ou datant de plusieurs années, touchant à la symbolique du chemin de la femme en quête d'elle-même. À l'inverse du héros masculin des contes qui, dans sa quête, se doit de rencontrer des obstacles extérieurs, comme un monstre à abattre ou divers obstacles pour conquérir sa bien-aimée, l'héroïne féminine aura moins besoin d'action pour se trouver que de vie contemplative faite d'intériorité, comme va nous le montrer ce récit.

> *Il était une fois un pauvre meunier qui était devenu si pauvre qu'il ne possédait plus que son moulin et juste derrière celui-ci, un magnifique pommier. Alors qu'un jour il allait dans la forêt couper son bois, il fit la rencontre d'un vieillard qu'il n'avait jamais vu et qui lui dit : « Pourquoi, homme, te fatigues-tu tant ? Si tu*

1. Clarissa Pinkola Estes, *Femmes qui courent avec les loups*, *op. cit.*

m'offres ce qu'il y a derrière ton moulin, je te ferai le plus riche des hommes et tu n'auras plus de souci. » Le meunier pensa aussitôt à son arbre fruitier et il accepta l'offre. L'inconnu, en s'en allant, lui dit : « Dans trois années, je reviendrai prendre mon bien. »

De retour chez lui, il trouva la maison pleine de richesses, les coffres remplis, les armoires débordant de mille choses. « Que s'est-il passé ? » demanda son épouse. Et son mari de lui narrer sa rencontre avec l'inconnu. « Nous pouvons bien nous séparer de notre pommier et en planter un autre. » Mais sa femme effondrée lui rétorqua : « Mais te rends-tu compte que c'était le diable que tu as rencontré et que c'était notre fille qui se trouvait derrière le moulin et qui balayait la cour ? »

Pendant les trois années qui s'écoulèrent, la fille du meunier fit attention du mieux qu'elle le put de ne pas tomber dans le péché et le jour où le diable vint la chercher elle se purifia, s'habilla toute de blanc et traça un cercle de craie tout autour d'elle. Le diable fut pris d'une grande colère et ordonna au père : « Ne lui donne plus aucune eau pour se laver, sinon je ne peux l'approcher. » La jeune fille devint de plus en plus sale ; mais quand le diable revint, elle avait tant versé de larmes que celles-ci avaient purifié ses mains. La fureur du diable s'amplifia : « Je t'ordonne de lui couper les mains sinon je ne pourrai toujours pas l'approcher ; si tu ne m'obéis pas c'est toi qui m'appartiendra, j'emporterai tous tes biens et tu disparaîtras. » Le père implora le pardon de sa fille qui lui répondit : « Faites ce que vous voulez de moi », et elle se laissa couper les mains. Pour la troisième fois le diable revint, mais à nouveau il dut reculer devant la jeune fille, qui avait tant pleuré que ses bras tranchés en étaient purifiés, et renonça à tout pouvoir sur elle. Le père dit à sa fille : « Grâce à toi, j'ai acquis tant de biens que tu pourras rester sous notre toit tant que tu voudras, et parmi de grandes richesses. » Mais la jeune fille décida d'aller vivre dans le monde espérant que des gens charitables auraient pitié d'elle. Elle partit donc au lever du jour avec pour tout bagage ses bras mutilés attachés dans le dos. Elle marcha tout le jour pour découvrir à la nuit tombée un jardin royal dont les arbres croulaient sous le poids de fruits magnifiques. Mais il se trouvait entouré d'un fossé rempli d'eau et elle ne put y entrer malgré la soif et la faim qui la tenaillaient. Alors elle invoqua le seigneur Dieu pour qu'il lui vienne en aide et lui apparut alors un ange qui assécha le fossé, lui donnant ainsi accès au jardin. Elle savait que les fruits se trouvaient sous bonne garde mais avec l'aide de l'ange, elle put manger une belle poire sous la lumière de la lune. Le jardinier qui avait assisté à la scène ne dit rien car il avait été impressionné par la présence de l'ange et craignait que la jeune fille ne fût un esprit.

Au lever du jour le roi s'aperçut de la disparition d'une de ses poires et son jardinier lui fit part de la scène de la veille.

Le roi décida alors d'en avoir le cœur net et de veiller quand la nuit reviendrait. Il prit soin d'être accompagné d'un prêtre qui savait communiquer avec les esprits. Vers minuit, la jeune fille fit son apparition, les vêtements en loques, les cheveux sales et en désordre, et prit avec sa bouche une seconde poire qu'elle mangea. Le prêtre vint la rejoindre et lui posa cette question : « Es-tu Dieu ou es-tu de ce monde ? » Il eut comme réponse : « Je ne suis pas un esprit, et pourtant je ne suis pas de ce monde car je suis une malheureuse créature que tous ont abandonnée. »

Le roi fut profondément touché par ces mots et lui dit : « Moi je ne t'abandonnerai pas. » Il l'emmena dans son château pour en faire son épouse et lui fit faire des mains en argent.

Une année passa ainsi et le roi dut partir en campagne. Il demanda à sa mère de bien veiller sur sa jeune épouse, de bien la protéger, et si elle devenait mère, de lui faire savoir aussitôt par lettre la bonne nouvelle.

La jeune reine mit au monde un magnifique enfant et la mère du roi écrivit aussitôt à celui-ci pour le lui annoncer. Mais le messager fatigué par la longue route s'assoupit en chemin. Alors le diable, toujours et encore prêt à nuire à la jeune fille, s'empara du message et le remplaça par un autre qui annonçait que l'enfant né était un gnome. Le roi répondit à sa mère de continuer de soigner sa femme du mieux possible. Mais hélas, le messager s'assoupit une seconde fois au même endroit et le message fut à nouveau subtilisé et remplacé par une autre lettre que le diable lui glissa dans sa poche, ordonnant que la mère tue la reine et son fils.

La pauvre mère en fut terrifiée, mais sa nouvelle lettre fut à nouveau interceptée par le diable qui lui fit répondre de conserver comme preuve de sa mort la langue et les yeux de la jeune maman.
La mère décida pourtant de faire couper la langue et les yeux d'une biche et dit à la jeune fille : « Je suis incapable de te tuer comme me le demande mon fils, alors pars très loin avec ton petit et ne reviens jamais ici. »
La jeune reine partit, l'enfant attaché sur son dos. Elle finit par entrer dans une forêt immense et touffue. Elle pria et l'ange vint une seconde fois à son secours pour la conduire vers une humble maisonnette dont la porte présentait cette inscription : « Ici chacun loge librement. » Une jeune vierge blanche en sortit et lui dit : « Soyez la bienvenue ici, Madame la reine. » Devant son étonnement – on connaissait son identité –, la jeune vierge lui dit : « Dieu m'a envoyée, je suis un ange et je dois prendre soin de toi et de ton petit. »
Durant sept longues années, la jeune reine vécut paisiblement et elle vit ses mains repousser, d'abord semblables à celles toutes roses d'un nourrisson puis, peu à peu, identiques à celles qu'elle avait perdues.
Le roi rentra alors de la guerre, et son cœur le porta tout de suite à revoir son épouse et son enfant. Mais sa mère lui dit tout en lui montrant les yeux arrachés et la langue coupée : « Homme cruel, pourquoi m'as-tu écrit de donner la mort à ces deux âmes si innocentes ? » À ces mots, le roi fut pris d'effroi et pleura tant et tant de

chagrin que sa mère en fut touchée et lui avoua la vérité : « Ne crains rien. J'ai fait tuer une biche et j'ai fait partir la mère et l'enfant pour les protéger de toi. »
Alors le roi parcourut le monde. Durant sept longues années, il partit à leur recherche bravant la faim et la soif, mais en vain. Un jour, dans une grande forêt, il aperçut une petite maison où il était inscrit : « Ici on loge librement » et d'où sortit une jeune vierge qui lui dit : « Soyez le bienvenu, Sire le roi. » Il raconta son profond désespoir et après s'être recouvert le visage d'un mouchoir, tomba dans le sommeil. Quand il s'éveilla, le mouchoir était tombé de son visage et sa jeune femme et son fils étaient là tout près de lui. La mère dit à son enfant qu'elle avait appelé Souffre-Douleur : « Voici ton père », et à son mari : « Voici ton fils. » « Grâce à Dieu, lui dit-elle, mes mains naturelles ont repoussé », et elle lui présenta les mains en argent qu'il lui avait fabriquées longtemps auparavant. Alors la joie du roi put éclater et il prit dans ses bras femme et enfant.
Ils quittèrent tous la petite maison qui les avait accueillis pour rejoindre la vieille mère qui les attendait. Ils célébrèrent leurs noces une seconde fois dans la plus grande liesse, eurent de nombreux autres enfants et ils vécurent heureux pendant de très longues années…

Ce conte si souvent repris dans les livres sur l'initiation ne peut que nous émouvoir car chacune d'entre nous, à des degrés divers, peut y retrouver une part d'elle-même, selon son degré d'aspiration vers la clarté. Il s'agit ici du processus de retrouvailles intérieures avec l'abondance des symboles particulièrement forts qu'il contient.

Il était donc une fois un meunier incapable de trouver sa voie de façon autonome et qui fit le choix de vendre son âme au diable. Ou, en ce cas, celle de sa fille bien-aimée qu'il va offrir au démon. Cet homme s'est éloigné de ses sources profondes et son flux intérieur s'est immobilisé tout comme son moulin. Comme dans de nombreux contes, *Barbe bleue* ou *La Belle et la Bête*, on trouve souvent la présence d'un père qui met en danger sa fille. C'est donc celle-ci qui va devoir mener le combat contre les forces du mal, semblables à celles que nous trouvons en nous et que nous aurons à dépasser quand elles sortiront leur nez.

Elle va les combattre jusqu'au dénuement le plus total, mais sa force et sa lumière irradiantes vont venir à bout de ces facettes obscures et prendre le pas sur elles, malgré les souffrances et les errances endurées. Ainsi va-t-elle se laisser mutiler, entamant le processus de dépouillement en renonçant au « monde du dessus » (C. Pinkola Estes), et éviter de tomber entre les mains du diable, cet ange déchu qui n'est pas parvenu à développer ses qualités et qui représente la nécessité de notre transformation. Va commencer alors la descente, avec la perte de tous ses repères, dans ce monde inconnu où elle se trouve immergée. Ses larmes vont la sauver grâce à leur puissance purificatrice, la nettoyer et lui ôter peu à peu les scories inutiles qu'elle portait en elle.

D'errance en errance, la jeune fille va se retrouver dans un lieu semblable au jardin d'Éden où une autre femme avant elle, Ève, avait elle aussi goûté au fruit, ce symbole féminin représentant la maturation.

Sa descente va s'effectuer ainsi de plus en plus profondément pour lui permettre à nouveau d'échapper au diable à diverses reprises ; elle va devoir s'enfoncer dans son univers du dedans sombre et confus, cette intériorité qui va l'amener à n'être plus qu'un animal démuni de tout, mais qui l'éloigne de plus en plus des forces mauvaises et du monde des tentations. Car notre diable intérieur refuse toujours que nous percevions avec clarté les choses.

Puis, après de longues années de patience et d'endurance, la remontée va commencer avec sa rencontre avec le roi dont elle aura un enfant ainsi que de nouvelles mains, signe de sa renaissance, même si celles-ci ne sont dans un premier temps qu'en argent, ce métal lunaire symbole de la nature féminine.

Mais le diable n'est jamais loin et rôde à l'affût de la moindre de ses défaillances car l'initiation n'est pas terminée. Que non ! Le revoilà, comme c'est toujours le cas avec nos allers et retours, nos avancées et nos régressions, nos moments de grande confiance alternant avec le doute.

La jeune fille poursuit son aventure loin du monde dans cette maisonnette au milieu de la forêt, ce lieu retiré du monde, hors des repères ordinaires. C'est le même chemin qu'utilisent toutes celles qui sont passées par l'expérience de la dépression. Le même aussi que ces ermites qui, plongés au sein de la nature, contactent leurs zones profondes et créent des liens subtils avec les animaux, en se laissant pénétrer par cet état de vacuité auquel ils s'abandonnent. Cela pourrait avoir lieu au sein d'un désert ou au milieu d'une île, dans un lieu où la solitude peut prendre sa place et permettre les retrouvailles avec soi.

La jeune reine retrouve un peu de vie, de chaleur dans cette maisonnette, où s'amorce la fin de son errance, ce long chemin obscur qui lui a permis sans qu'elle le sache de se nourrir d'une grande sagesse. Cela va durer sept longues années ; sept années de patience pour qu'enfin les forces maléfiques intérieures n'aient plus de prise sur elle, et que le diable qui les symbolise se lasse. Peu à peu, elle va renouer avec le monde extérieur ordinaire et remonter à la surface, pour ne pas risquer de basculer dans le retrait du monde et la perte de la raison. Car nous sommes nées pour vivre avec nos semblables. Elle va apprendre à vivre à la fois avec le « monde du dedans » et le « monde du dehors » en liant extériorité et intériorité : « Vivre dans le monde sans être du monde » (Marie-Madeleine Davy).

Au cours de son parcours, la jeune reine a mis au monde un enfant « riche en douleurs ». Il est né d'une femme qui a traversé la nuit noire, tout comme le papillon se développe dans l'obscurité de son cocon. Grâce aux douleurs qu'elle aura traversées, elle aura acquis une grande finesse vis-à-vis d'elle-même comme vis-à-vis de ceux qui l'entourent, et pourra les écouter et les comprendre ; comme celles qui, après la descente dépressive, auront appris lors de cette traversée de multiples choses, parfois peu transmissibles tant elles touchent au monde du subtil.

Cet enfant représente tout ce qu'une telle femme peut faire naître en elle, sous quelque forme que ce soit…

Cette descente dans la nuit noire, chacun lui donne le nom qui lui convient : « l'obscure nuit de l'âme » pour saint Jean de la Croix, le « désespoir » pour Kierkegaard, ou la « traversée nocturne » pour Jung. Mais est toujours présente cette sensation d'être étranger à soi-même au point de ne plus savoir se reconnaître et parfois entrer ou presque dans l'univers de la maladie mentale, qui peut être considérée comme un processus d'initiation en puissance mais dont certains ne parviennent malheureusement pas à sortir. Ce qu'on appelle névrose « n'est que la souffrance d'une âme qui cherche son sens », disait C. G. Jung.

La sortie de l'hiver

Les saisons, dit-on, possèdent chacune leurs qualités en accord avec les nôtres. Au printemps nous allons de l'avant, ardemment. En été tout se détend, s'épanche et grandit. Puis vient l'automne où la nature engrange et se prépare à l'hiver, où tout se terre et se protège pour passer l'épreuve. Avant que ne revienne le printemps, semblable au cycle de la vie et de la mort…

Comment passer du rude hiver, de cette descente sous la terre, à la sensation que des germes poussent en nous comme au printemps, avant qu'ils ne voient le jour et la lumière ? Faut-il encore que ces semences hivernales soient suffisamment solides pour dépasser cet état de germe et qu'elles ne meurent pas en cours de route. Puis en été, tout prendra forme et l'on pourra enfin tirer le bénéfice de ce laborieux parcours.

Mais d'abord il faut hiberner pour rencontrer cette force qui permet de renaître. « Plus l'homme est amoureux de la lumière, plus il découvre en lui-même sa propre obscurité[2]. »

C'est de ce passage obligé, de cette « dépression », de l'entrée dans ce vide, ce creux en soi que la vie pourra resurgir.

« L'approche du retour au pays natal ne s'accomplit pas sans dommage… Tant que l'être se débat, il est menacé. Là encore l'abandon est la seule issue… Les bagages sont interdits quand on descend dans un gouffre ; les mains doivent être libres afin de pouvoir s'agripper. En fait c'est le lâcher prise qui serait de rigueur, il n'existe pas d'aspérités permettant de s'accrocher », selon les mots de Marie-Madeleine Davy.

Si ainsi nous parvenions à accueillir la souffrance, à écouter le message qu'elle essaie de nous transmettre et à la percevoir comme une sorte d'alliée et non – comme c'est si souvent le cas – comme une « maladie honteuse », alors le combat cesserait et la sérénité prendrait enfin sa place.

Parfois c'est le médicament qui donne l'illusion que tout est rentré dans l'ordre, alors que notre force vitale est tout simplement anesthésiée. « À quand les vaccins annuels qui nous prémuniront contre l'angoisse ? » disait en plaisantant le psychanalyste Guy Corneau. Ces antidépresseurs qui sont là pour augmenter la concentration de la sérotonine dans

2. Marie-Madeleine Davy, *L'Homme intérieur et ses métamorphoses*, Épi, 1992.

nos cerveaux, cette substance responsable de nos humeurs. L'émission télévisée *Zone interdite*[3] signalait qu'en un an, vingt millions d'ordonnances de psychotropes pour les personnes « dépressives » avaient été prescrites en Amérique.

À l'heure actuelle, ces médicaments sont même administrés en abondance non seulement à l'adulte mais également à l'enfant, catalogué de plus en plus du nom d'hyperactif, réduit lui aussi à une « maladie », à un objet étiqueté comme *thada* (sigle qui signifie « trouble hyperactif avec déficit de l'attention ») et traité par la Ritaline. Tout ceci nous vient d'Amérique et les chiffres fournis par les laboratoires à l'Agence française de sécurité sanitaire des produits de santé (Afssaps) indiquent en 2004 que sa consommation a doublé presque tous les deux ans. Depuis 1990, on est passé de dix mille à cent mille boîtes et le traitement s'étend sur une durée de plusieurs années[4].

Cette thérapeutique ne peut que réduire les enfants au silence, se substituant sous une forme plus actuelle à la camisole de force d'antan. Il muselle celui qui, par son corps sans cesse en mouvement, ne fait bien souvent que se rassurer sur le fait qu'il est bien vivant et se protéger contre une angoisse de mort insupportable. Dans cette mise en mouvement incessante, l'enfant essaie d'exorciser ses peurs, mais du même coup, sa concentration mentale est bien sûr rendue caduque. Tant qu'il bouge et remue, il se rassure.

---

3. M6, le 30 janvier 2005.
4. Journal télévisé, TF1, 1er août 2003.

Pour l'enfant tout comme pour l'adulte sous l'emprise de certains médicaments, il n'est plus possible tout simplement d'exprimer le malaise qui l'habite. De nos jours, le mal-être fait peur, tout comme la maladie ou la vieillesse, dans une société où tout doit être lisse, à l'image du bonheur, de la jeunesse et de sa beauté. Où sont passées dans nos cultures les pratiques rituelles de certains pays qui permettaient de crier et d'extérioriser son chagrin ? Ont-elles été remplacées par le tabou de la douleur et de la mort ?

Carl Rogers a nommé « tendance actualisante » cette force qui nous pousse à la réalisation de soi, cette force subtile qui peut prendre parfois des chemins maladroits qui ne sont que « des tentatives désespérées de la vie pour réaliser son propre devenir[5] ». Cette puissance, on la retrouve au sein de la nature : le brin d'herbe ne sait-il pas se frayer son chemin entre les failles d'une pierre ?

Le long processus pourra se dérouler grâce à notre patience, et le chemin parcouru allégera le bagage de nos filles quand elles deviendront à leur tour femmes, et du même coup des hommes, leurs partenaires et futurs pères de leurs filles. L'héritage transmis sera en tout cas moins lourd.

Cela demande souvent du temps pour sentir profondément la femme en soi, et il nous faudra parfois sortir de cet état de sommeil telle la Belle au bois dormant, celui dans lequel resteront pourtant certaines. Ce sera par exemple le

---

5. Carl Rogers, *Le Développement de la personne*, *op. cit.*

cas de celles qui ne viendront pas me rencontrer une seconde fois, sans même décommander leur rendez-vous qu'elles avaient pourtant choisi de prendre d'elles-mêmes. La peur du changement même pour le meilleur a pris alors le dessus et quitter leur mal-être, ce compagnon qui les habite depuis si longtemps, peut s'avérer trop difficile.

Ce parcours du combattant commence durant l'enfance pour ces petites filles dont l'angoisse de grandir est telle qu'on les considère comme déficientes, voire débiles, dans le cadre scolaire, alors qu'il s'agit de leur incapacité à assumer leur réel potentiel seulement mis en veilleuse. Comme cette enfant dont j'ai retracé le parcours dans *L'Enfant qui a mal,* qui passa du statut d'enfant retardée à celui d'enfant précoce, à la suite du bilan intellectuel qui révéla son réel potentiel.

Ou comme Noemi qui me livra dès la fin de notre première entrevue son lourd secret. Sa maman l'avait amenée elle aussi pour des difficultés scolaires car la fillette se montrait incapable de la moindre concentration. Son école pensait même à l'orienter vers une classe spécialisée, la CLIS. En difficulté face à la moindre prise en charge, à la moindre autonomie, ses résultats scolaires se détérioraient. La maman me dit qu'à la naissance, elle avait failli perdre sa fille et que durant des années – Noemi avait aujourd'hui sept ans –, elle avait été incapable de la moindre autorité vis-à-vis d'elle tant l'angoisse dévorante de perdre sa fille l'avait longtemps habitée. En fait, la maman avait dépassé en grande partie ce malaise mais Noemi était encore tout imprégnée de cette lourde atmosphère. Cette fillette qui, sur le plan physique, paraissait facilement avoir dix ans, donnait à voir au contraire au premier regard un comportement de toute petite, quant au langage, au raisonnement et dans ses attitudes. Quand je mis le doigt sur sa douleur, elle éclata en sanglots. « As-tu peur de grandir ? Et si c'est ainsi, est-ce que tu as peur de mourir, comme à ta naissance ? » lui ai-je demandé. D'un pauvre hochement de tête et les larmes jaillissant de ses yeux, Noemi me fit comprendre que la vie s'était arrêtée en elle depuis bien longtemps et qu'elle ne pouvait pas prendre le risque de grandir, car cela voulait dire mourir… Cet entretien très chargé d'émotions lui permit de se libérer de l'interdit qu'elle s'était imposé et de déverrouiller son intelligence qu'elle avait en quelque sorte endormie. Rapidement, elle se remit véritablement à vivre, sans cette peur taraudante, et à évoluer comme une enfant de son âge à l'école et dans sa vie quotidienne…

L'adolescence peut être elle aussi douloureuse, comme pour ces jeunes filles qui arrivent dans mon cabinet en larmes, bouleversées par un « état nouveau » qui leur échappe et leur fait perdre tous leurs anciens repères. Elles se perçoivent méconnaissables dans leur être tout entier, dans leurs pensées et dans leur corps, se dévalorisant dans leur totalité et ne sachant plus qui elles sont, niant pour certaines leur féminité dans des attitudes de « garçons manqués ». En fait, elles sont en train de perdre les marques qui définissaient leur enfance, la magie de cette époque, son insouciance, sa légèreté. Ainsi, Sabrina qui avait vécu jusqu'alors dans un pays exotique où l'ambiance ensoleillée et spontanée qui y régnait était en parfaite harmonie avec son état intérieur. Le dehors et le dedans « d'avant » l'avaient quittée et le deuil de ce « paradis perdu » bouleversait ses anciennes références. C'était la perte de tout un pan de son ancienne personne qu'elle vivait, tout cela sans le savoir et avec la sensation de perdre totalement pied. Quand elle comprit cette sensation de basculement intense et très douloureux, elle se sentit soulagée. Tout simplement parce qu'elle avait pu donner un sens à un état qui, jusqu'alors, lui échappait complètement et qui pour elle ne pouvait la renvoyer qu'à l'incohérence et à la confusion.

D'autres au contraire ne parviendront pas à atteindre l'autre rive et choisiront de rompre avec une réalité considérée comme intolérable. Il s'agira alors de ces tentatives désespérées de fuir l'insoutenable. Ces jeunes filles choisiront diverses manières, des médicaments à la fugue, comme l'a souligné Xavier Pommereau[6], alors que les adolescents utiliseront davantage des conduites impulsives et d'une grande violence, comme dans des risques motorisés où ils finiront par fracasser leur corps dans des défis extrêmes. Pour ces jeunes filles, la fuite et le retranchement seront davantage privilégiés. 79 % des jeunes de douze à vingt-quatre ans échoueront dans leur tentative d'en finir et trouveront comme seule issue l'hospitalisation. D'autres, malheureusement, parviendront à mettre fin à leurs jours.

6. Xavier Pommereau, *Quand l'adolescent va mal*, J.-C. Lattès, 1997.

La saison de l'embellie

Les pouvoirs de la femme

« Une femme regarde dans son miroir :

À 3 ans : se regarde et voit une reine.

À 8 ans : se regarde et voit Cendrillon ou la Belle au bois dormant.

À 15 ans : se regarde et voit Cendrillon, la Belle au bois dormant, une cheerleader, *une actrice de cinéma, ou si elle est dans ses mauvais jours, se voit grosse, laide, pleine de boutons et dit : « Maman, je ne peux pas aller à l'école comme ça ! »*

À 20 ans : se regarde et se voit trop grosse/trop mince, trop petite/trop grande, les cheveux trop raides/trop frisés, mais décide qu'elle ira quand même.

À 30 ans : se regarde et se voit trop grosse/trop mince, trop petite/trop grande, les cheveux trop raides/trop frisés, mais décide qu'elle n'a pas le temps de les arranger et y va quand même.

À 40 ans : se regarde et se voit trop grosse/trop mince, trop petite/trop grande, les cheveux trop raides/trop frisés, mais se dit qu'au moins elle est propre et y va quand même.

À 50 ans : se regarde et se dit : « C'est moi », sourit et va où bon lui semble.

À 60 ans : se regarde, se rappelle que bien des gens ne peuvent même plus se voir dans le miroir, sourit, sort et va conquérir le monde !

À 70 ans : se regarde et voit l'expérience, l'habileté, sourit et sort profiter de la vie.

À 80 ans : ne se regarde même plus dans le miroir, met son petit chapeau violet et sort juste pour le plaisir de voir le monde.

Nous devrions toutes prendre notre petit chapeau violet un peu plus tôt. La beauté d'une femme n'est pas dans ses vêtements, ni le joli minois qu'elle affiche ou la façon dont elle se coiffe.

La beauté d'une femme doit être vue dans ses yeux parce qu'ils sont les portes de son cœur, là où l'amour réside.

La beauté d'une femme n'est pas dans un grain de beauté bien placé sur le haut de la lèvre.

La vraie beauté d'une femme est réfléchie par son âme. L'amour qu'elle donne, la passion qu'elle démontre, les années qui passent l'embellissent[1]. »

« Une promenade hier à travers le verger m'éclaire. C'est l'hiver et tous les arbres fruitiers sont plus semblables à de grands balais de bruyère, le manche fiché au sol, qu'à ce que les yeux nomment un arbre. Celui qui céderait à la logique des sens, à l'impulsion d'un robuste réalisme constaterait que la vie a quitté ces arbres et donnerait l'ordre de les abattre. Il n'apprendrait jamais que les lois de la nature ont prévu quelque chose d'invraisemblable et d'inespéré connu sous le nom de printemps et que ces

1. www.skynary.com/m.cidu.

arbres morts vont un jour se couvrir de bourgeons, de feuilles et de fleurs[2]. »

Vient enfin le temps où la femme s'apprête à se remettre au monde et où elle peut à nouveau faire danser et chanter sa vie ; où elle retrouve enfin le pouvoir de créer et de donner forme à son imaginaire, telle la déesse mère qui sort de l'ombre. L'élan remonte alors à la surface.

« Certains disent que la vie créatrice est dans les idées, d'autres qu'elle est dans les actes. Il semble que la plupart du temps, elle soit dans le simple fait d'être » (C. Pinkola Estes).

Je réalise de plus en plus que les êtres sont semblables à ces pierres qui, quand elles sont mieux taillées que d'autres, laissent davantage passer la lumière, comme ces femmes qui laissent derrière elles une forte et claire présence, tel le cristal qui se fait union de la matière et de l'esprit. Quand nous acceptons du mieux possible nos ombres et nos lumières, avec vigilance et patience, quand nous tendons à relier toutes ces parts de nous-mêmes, sans renier nos blessures, quand nos cicatrices font partie à part entière de notre personne, nous devenons plus brillantes et plus lumineuses et nous pouvons enfin accéder au pays des embellies.

Nous portons les cicatrices inévitables de l'existence, comme notre visage porte ses rides, car les routes parcourues auront été parsemées de parties escarpées et

2. Christiane Singer, *Éloge du mariage, de l'engagement et autres folies*, *op. cit.*

d'embûches, ou au contraire de chemins plus paisibles ayant permis le repos. Puis la clarté a enfin été notre prochaine étape, celle de la récolte.

Émergeant de cette aventure, nous ne serons plus du tout les mêmes : « En surface nous sommes encore amicales, mais sous la peau nous n'avons plus rien de domestique » (C. Pinkola Estes). Ayant été enhardies aux obstacles au sein de parcours intérieurs parfois effrayants, nous aurons retrouvé cette foi dans la vie, cette vie authentique où aucun artifice n'a sa place. Et la métamorphose pourra alors avoir lieu.

Les héros du roman d'Annie Duperey[3], ces quatre personnages hommes et femmes, le vivent bien et ont le courage d'oser sortir de l'impasse, en bravant leur peur sournoise et souterraine. Christine à cinquante ans ressent l'angoisse irrépressible de vieillir. Sa vie professionnelle est depuis plusieurs années prise dans un rythme trépidant et un beau jour, épuisée, la voilà qui laisse tomber ce personnage et reçoit en pleine figure, un soir assise sur un banc, la révélation qu'elle n'est pas du tout à sa place « avec cette impression de glisser doucement dans un vide atone, état indéfinissable, impartageable… Elle était seule avec "ça"… ». Solange, guichetière à la SNCF, sait qu'elle s'est battue et cognée contre son problème jusqu'au jour, dit-elle, « où l'on accepte, ça tombe comme un fruit mûr : "Je ne peux pas continuer comme ça" ».

---

3. Annie Duperey, *Allons voir plus loin, veux-tu ?*, Seuil, 2002.

Toutes désirent passer le cap pour se dire alors: « Allons voir plus loin, veux-tu? »

La femme-louve, la « loba », cette vieille femme qui vit cachée et émet des cris d'animal en ramassant des os, fait renaître par ses chants le loup qui se redresse, court dans l'horizon et se transforme en femme..., dit un conte mexicain[4].

Telle est la femme qui n'a pas trahi sa nature profonde et dont l'ouverture à l'irrationnel la mène vers le monde du dedans, remplie d'un puissant instinct de vie. Mais elle s'est si souvent sentie piétinée par le non-respect qu'elle a, tel un jardin délicatement fleuri écrasé par un char d'assaut, fini par ne plus faire confiance à l'intuition qui l'habite et au caractère sacré qu'elle possède.

« La femme sait de tout temps, sans savoir qu'elle sait » (de Gravelaine).

C'est pourtant quand l'écoute de cette voix intérieure a lieu qu'il est permis de vivre des instants « magiques », celui de ces « coïncidences », de ces synchronicités, de ces moments où notre état intérieur coïncide avec l'événement extérieur qui se présente en pleine harmonie avec lui. « Cette déchirure du temps normal sous le poids du temps subtil », dit Michel Cazenave.

Cette écoute de soi, j'ai commencé à la percevoir, notamment à travers une prise de conscience, celle d'avoir eu tendance, quand j'étais jeune mère, à donner tout de

4. Clarissa Pinkola Estes, *Femmes qui courent avec les loups, op. cit.*

moi-même au sein de ma cellule familiale. J'ai brutalement réalisé m'être un peu oubliée depuis plusieurs années et, grâce à cela, je suis parvenue à extraire progressivement, derrière les couches des contraintes et des devoirs, ma créativité. Celle-ci passe pour moi par l'écriture et l'immersion profonde dans la nature, et tout particulièrement l'océan. Je me suis mise aussi au cours des ans à respecter beaucoup plus finement mes rythmes de sommeil qui faisaient sourire bien souvent autour de moi, devant la chape de plomb qui me tombait dessus dès 23 heures !

Pour cette écoute, il n'y a plus d'âge, plus de calendrier quand on touche à notre luminosité, à cette femme sauvage tapie au fond de nous. N'avez-vous pas remarqué comme sont nombreux, et bien souvent presque les seuls, ces hommes et ces femmes d'un certain âge qui se baignent hors saison dans la mer, même en hiver quand l'eau est glacée ? Sans doute, ces personnes retrouvent-elles avec la maturité de l'âge leurs racines. Elles se coiffent même parfois de ces jolis bonnets couverts de fleurs pour protéger de l'eau leur chevelure, comme au temps jadis…

Nos forces proviennent d'un *numen* (cf. Jung) et se doivent d'être nourries et non délaissées. Et le contact avec la nature y pourvoit.

Notre don de guérisseuse fait lui aussi partie de nos richesses ainsi que ce pouvoir rédempteur qui était reconnu dans la mythologie.

La femme possède cet esprit qui ne se laisse pas enfermer dans des définitions précises. Sa souplesse, sa vitalité, sa chaleur et sa compassion en sont les aspects essentiels. Sa force pour procréer est là pour mettre à jour toute son énergie de création. Elle possède le don d'aimer et de donner, par sa potentialité de mère. Symbole dans la mythologie de la terre donneuse de vie et de mort, elle détient un penchant pour la spiritualité.

Cette force révélée par son intuition constitue son centre, tout comme son corps représente ce vide, ce creux à remplir de la vie d'un enfant ou par l'homme, ce corps lieu d'enfantement ou d'amour, ce creux lieu de création. Et plus tard, quand les années auront passé, elle devra apprendre à l'apprivoiser à nouveau, quand l'enfantement ne sera plus possible, avec tout un travail de deuil à accomplir.

De l'ombre à la lumière : cultiver son jardin

« Peut-être qu'un jour il n'y aura pas d'autre savoir que celui-ci : connaître la lumière. On marchera sur une terre libre où tout sera apparent… On sera entourés par les belles couleurs, les couleurs franches, on verra les mouvements des belles formes. Tous les sons seront de la musique, pour les oreilles, et aussi pour les yeux, pour les mains, pour le corps tout entier… La lumière régnera sans interruption et l'on pourra regarder les visages comme on regarde les nuages[5]… »

Pour que les jeunes pousses, qui ont été plantées avec tant de mal, prennent, il va falloir réchauffer le jardin et constamment l'entretenir avec persévérance grâce à

5. Jean-Marie G. Le Clezio, *L'Inconnu sur la terre*, Gallimard, 1998.

quelques procédés et « ingrédients » nécessaires pour faciliter notre tâche.

Se donner le droit d'exprimer, s'offrir à nouveau le droit à la parole

C'est avec la psychothérapie que la voie est offerte. Cet accompagnement dont le sens étymologique est défini par Marie de Hennezel comme « partager le pain…, faire de l'espace pour tout ce qui vient[6] ».

Cette relation si précieuse et si particulière aussi permet au mot de donner du sens à ce qui jusque-là n'en possédait plus, et permet grâce à lui d'accoster sur les rives de la liberté intérieure qui n'a pas de prix. « Je suis profondément convaincu que c'est par la parole que l'on peut reprendre sa place parmi les vivants quand on a été chassé de l'humanité par un immense malheur… Une parole vraie, totale, simple, même brève, où un humain rencontre un autre humain peut faire sentir au blessé de l'âme qu'on le considère encore comme un être humain[7]… »

Ici aussi, dans ce lieu clos, on expérimente tout un processus, qui ressemble à celui que la femme se doit de parcourir pour renaître à elle-même, à celui du « passage de l'inerte au vivant », selon Max Pagès.

Cette redécouverte de soi, de ce que l'on est vraiment, ou cet accès au souvenir de ce qui avait été enfoui parfois très

---

6. Marie de Hennezel, *Mourir les yeux ouverts*, Albin Michel, 2005.
7. Boris Cyrulnik, interview *in Psychologie*, décembre 2003.

profondément passe uniquement par l'expérience personnelle : « Une personne ne peut pas enseigner à une autre, l'enseignement détruirait la découverte », dit Carl Rogers. L'aidant est juste là avec sa qualité de présence, sa considération pour l'autre et son authenticité pour redonner à celui qui est là la capacité de rejoindre avec confiance le propre pouvoir que chacun a sur soi-même.

Comme me l'exprimait une femme : « Je me suis remise à l'ouvrage d'exister » ; ou une autre : « Je travaille tous les coins anguleux de mon âme pour les rendre plus lisses. »

Cette tâche nous aide à retrouver la simplicité qui nous habite et à démêler les nœuds de notre écheveau. « La personne a pris possession d'une partie d'elle-même dont elle se croyait dépossédée », dit encore Carl Rogers. Même s'il nous arrive en cours de route de repasser sur des zones fragiles, il devient possible de s'élever de plus en plus haut, telle une spirale. Mais à chaque fois le chemin est plus léger et la difficulté de la traversée s'amenuise dans le temps.

Mon admiration va vers ces jeunes femmes qui osent aborder dès vingt ou vingt-cinq ans leurs profondeurs en choisissant cette démarche de si bonne heure… Déjà à la recherche de leur source féminine vitale ! Ou ces toutes jeunes filles comme Hélène qui à dix-huit ans ne comprenait pas ce qui lui arrivait, ses anciens repères de petite fille se trouvant balayés par la situation qu'elle vivait.

Mais quel que soit l'âge, le cheminement s'effectue dans notre dédale intérieur. Parfois il s'agit d'un véritable labyrinthe où tout semble enchevêtré. On s'y sent totalement emprisonnée, coincée de toute part et on ne cesse d'en faire le tour sans en trouver d'issue. L'épuisement est là, puis soudain lors de réflexions, de prises de conscience, des images et des ressentis remontent à la surface et donnent alors comme par magie un sens à cette confusion. C'est comme si soudain dans cet étroit réduit qui étouffait et désespérait, on trouvait une issue : une fenêtre s'est enfin ouverte.

Élodie l'exprima un jour, alors que depuis de nombreuses séances elle avait la sensation douloureuse de tourner en rond, avec le découragement de ne pouvoir en sortir. « C'est drôle, à l'instant j'ai compris, et je suis sortie du cycle infernal, je me sens si légère… et je peux entrevoir autre chose… »

De même Geneviève qui se souvient quand elle était enfant d'avoir été écrasée verbalement, jusqu'à avoir été à diverses reprises enfermée dans la cave bâillonnée par du Scotch lorsqu'elle se rebellait et piquait une colère enfantine ! Elle put ainsi mettre au grand jour cette soumission forcée, par l'intermédiaire de l'écriture et à travers des personnages de livres pour enfants qui réparèrent son mutisme imposé de l'enfance, et enfin s'autoriser à « dire ».

C'est là qu'est favorisée l'émergence de cette force de vie balbutiante, qui hésite et commence à peine à se mettre en mouvement. Tout comme la rivière peut reprendre son cours une fois levés les obstacles qui l'en empêchaient.

Maurice Zundel définit bien ce qui se passe dans la rencontre de ces deux êtres que sont l'accompagnant et l'accompagné.

« Il y a des moments où en face d'un désespoir qui vous est confié, qui vient à vous comme à son dernier recours, il y a des moments où il n'est pas possible de ne pas sortir de soi-même. On est jeté dans le cœur d'autrui avec une telle puissance qu'on s'identifie à lui. C'est à ce moment-là que s'établit incontestablement, entre deux humains qui ont atteint le même degré de silence, cette communication prodigieuse dont on perçoit ici et maintenant qu'elle est infinie et éternelle. J'éprouve alors clairement que nous ne sommes pas deux, que nous sommes un, que nous sommes identifiés au même centre. Il n'y a plus de distance, sinon celle du respect. Toute la vie se centre sur un seul point qui est hors de l'espace et du temps[8]. »

C'est ainsi qu'Anne, un jour de juin, après une laborieuse traversée du désert m'apporta, à la suite d'un déclic qui s'était produit en elle, toutes les bagues de perles multicolores qu'elle avait confectionnées avec minutie, gravité et profondeur. La découverte de sa source créative avait tout fait basculer en elle. Ces bagues n'étaient simplement que le reflet palpable de ses propres couleurs chatoyantes et de sa luminosité intérieure maintenant retrouvées.

Se déverrouiller. Exprimer, puis dépasser la rage et le courroux

Pour abattre nos murailles, la phase de révolte nous est bien utile, elle qui va permettre à la prise de conscience d'intervenir pour que l'incontournable changement

8. Maurice Zundel, *À l'écoute du silence*, Téqui, 1979.

s'amorce. Et même si elle n'aboutit pas encore à notre objectif, elle le prépare et s'en approche.

Dans les légendes, il existe un mythe qui fit son apparition dans le Caucase, lieu où les Amazones, ainsi les nomme-t-on, exterminèrent les hommes. Représentation de la soif de rébellion, ces femmes méprisaient les hommes et en faisaient leurs esclaves et des outils pour procréer. Et plutôt que d'être soumises, elles choisirent de se conduire en conquérantes. Pourtant, en dépit d'une renommée qui parvint jusqu'en Grèce, et malgré leur courage et leur persévérance, elles combattirent en vain Héraclès qui avait décidé de se mesurer à elles. Elles continuent néanmoins à symboliser un peu partout l'image d'implacables guerrières qui, dit la légende, avaient brûlé leur sein droit afin qu'aucune gêne ne les entrave quand elles maniaient l'arc ou la lance.

Elles rappellent cette force utilisée dans le courant féministe par ces femmes qui ont permis à la révolte contre les « pères » de s'éveiller, mais qu'il aura fallu dépasser pour ne pas voir entre hommes et femmes que différences, hiérarchie et rapports de pouvoir.

La colère une fois exprimée donne l'élan, celui de dire non, de refuser de se conformer passivement aux attentes et aux modèles à suivre. C'est elle qui nous permet de protéger notre espace intérieur, jusqu'à parfois montrer les dents, et qui aide à neutraliser nos diables et nos démons. Telle la déesse polynésienne Pelé qui crache de la lave brûlante quand on se permet de la déshonorer, et qui est à l'origine de l'éruption des volcans ou des tremblements de terre.

Telle Déméter qui décida d'assécher la terre et de la rendre infertile lors de la disparition de sa fille Perséphone. Comme notre planète qui prend sa revanche et laisse elle aussi éclater sa fureur sous forme de cataclysmes divers.

C'est cette colère qui fait partie des émotions désagréables, celles qui font peur et se révèlent pourtant indispensables alors que tant d'enfants, filles ou garçons, ont dû la brider face à la toute-puissance de l'adulte, pour faire de même par la suite face à celles des autres enfants, les « dominants », qui en font leurs souffre-douleur.

C'est encore un conte, *Le Prince Crapaud*, qui nous montre combien il est précieux d'accorder notre confiance à cet instinct qui nous pousse à refuser l'inacceptable.

Il était une fois une jeune et jolie princesse qui avait perdu sa balle dorée au fond d'un puits. Elle demanda à un crapaud de lui venir en aide, mais celui-ci n'accepta de lui venir en aide qu'à la condition qu'elle le nourrisse et lui prête son lit pour y dormir. La princesse ayant récupéré sa balle oublia sa promesse jusqu'au soir où elle entendit un fort croassement pendant qu'elle dînait avec son père le roi. Celui-ci mis au courant du pacte de sa fille avec l'animal lui dit qu'elle n'avait plus qu'à tenir sa promesse. Alors, malgré sa répugnance, la princesse donna à manger au crapaud, mais ne put se faire à l'idée de l'accueillir dans son lit. Le crapaud insista, mais la jeune princesse ayant atteint ses limites, fut prise d'une rage telle qu'elle jeta violemment l'animal contre le mur. C'est à ce moment qu'apparut à la place de l'animal un beau prince qui avait vécu sous cette apparence avant d'avoir subi un ensorcellement.

Grâce à sa colère déverrouillée et en refusant ce que lui avait imposé son père, la princesse se fait confiance. Au lieu de se soumettre à la promesse première, comme on se soumet aux convenances, bien souvent par sécurité, elle va parvenir à imposer son choix réel au-delà des conséquences et à jeter contre le mur ce qui peut lui être nuisible, et ainsi réussir à vivre une relation positive et enrichissante grâce à son authenticité.

C'est cette fureur bien différente des sept péchés capitaux qui permet d'ébranler les murs de notre forteresse intérieure et nous donne, quand elle est juste, le sentiment d'être invincible. La déverrouiller nous permet de dépasser la passivité et la timidité. Comme nous l'a montré précédemment le conte de *Neigeblanche et Roserouge*, les deux fillettes pleines de compassion et de gentillesse sont incapables d'affronter l'ennemi et de poser un acte de colère justifié.

Si par contre nous n'avons pas encore trouvé à ce mode d'expression sa juste place, la colère peut au contraire s'avérer source de danger, car si cette ébauche n'a pas été ajustée, elle prendra au contraire une forme destructrice, autant pour soi que pour l'entourage.

Peut en effet surgir cette colère abrupte, dont on n'a pas choisi le moment et qui fait irruption, la plupart du temps de manière brutale, comme toujours quand les émotions ont trop attendu pour se dire. Si l'on a été blessée enfant, l'on en arrive à blesser à notre tour, navrées et impuissantes quand nos enfants en sont le réceptacle. Alors demandons-nous : quand je crie, qui criait sur moi ? Quand j'adresse des mots de haine, à qui sont-ils réellement destinés ? Qui est en réalité à l'origine de ma colère ? Autant de questions qui feront réaliser combien elle n'intervient pas aux justes moments et vis-à-vis de personnes qui ne sont pas sa véritable cible, mais qu'elle n'est que la représentation impalpable de celle qui n'a pu s'extérioriser face aux adultes d'antan dont il fallait subir la toute-puissance.

Aussi, souvent mieux vaut ne pas attendre, face à la grande peur que la colère nous inspire qu'elle se soit accumulée en nous, au point de devenir une véritable bombe à retardement, qui nous terrorise encore davantage ; car elle peut finir par devenir un cri du corps, comme ces démangeaisons insupportables qui obligeait cette jeune femme à « se gratter avec fureur », avant qu'elle ne prenne conscience au cours de sa thérapie du discours que contenait ce message.

La haine, si elle peut s'exprimer par des mots, ne rend pas malade. C'est seulement quand elle reste refoulée et hors de la conscience qu'elle finit par ronger le corps peu à peu. « Le corps ne tolère pas toute la vie que l'on reste étranger à soi-même[9]. » Une négociation s'imposera alors avec elle pour ne pas la voir se transformer en amertume ou en dépression. Pour ne pas, si on échappe à son contrôle, qu'elle ne se

9. Alice Miller, *Notre corps ne ment jamais*, Flammarion, 2004.

retourne contre nous telle une dangereuse et meurtrière terroriste, conduisant au désir de disparaître.

C'est seulement à ce moment que la transformation de cette rancœur ou de cette haine se transmutera alors en une énergie nouvelle, comme pour ces parents qui, après le massacre de leur enfant, ont créé une association pour aider de jeunes délinquants. Comme ceux que la résilience, cette capacité de transmuter le drame en beauté, a conduit à se dégager du ressentiment pour ceux qui les avaient fracassés.

Une fois émergée cette énergie permet aussi de se protéger des autres et de leurs abus pour ne pas en devenir la victime ; elle permet de venir à bout de leurs sentiments négatifs et destructeurs à notre égard, que nous apprenons à lire dans leur regard en sortant d'une naïve candeur. Tels sont les loups et les louves quand ils défendent leur territoire ou protègent leurs petits dans une détermination inébranlable qui leur permet de soulever des montagnes.

Alice réalisa combien elle avait été manipulée par des parents qui l'avaient amenée à ce qu'elle reste sous leur coupe, en partageant encore à l'âge de trente ans leur appartement : « Un jour, j'ai dit stop et je suis partie. Ils ont bien essayé de me culpabiliser ou, comme ça ne marchait pas, de diminuer mon loyer. Tout a été utilisé. Mais j'ai tenu bon en refusant un à un leurs stratagèmes, et moi qui commençais à m'alcooliser, j'ai tout arrêté. Ma colère a commencé à surgir et j'ai réalisé que j'avais à faire le deuil d'un véritable amour de la part de mes parents. Puis progressivement, j'ai senti que ma colère diminuait et que je pouvais répondre à mes désirs pour moi et non plus en fonction d'eux. Ils ont eu du mal à accepter le nouveau ton de mes lettres. Je suis parvenue à dépasser tous ces sentiments qui me rendaient prisonnière : le fait qu'ils soient âgés, la gratitude obligatoire face à ceux qui m'avaient offert la vie, le fait d'être une “méchante fille”… Et comme ma colère envers eux diminue, je n'ai plus à l'extérioriser auprès des autres, ceux qui n'y sont pour rien, et notamment mes enfants et mon compagnon. »

Alice Miller[10] nous dit que Moïse a imposé les dix commandements et notamment le quatrième : « Tu honoreras ton père et ta mère… et tu vivras longtemps », ajoute la Bible. Mais il ne faut pas oublier qu'il était lui-même un enfant abandonné par sa mère qui l'avait déposé au bord du fleuve pour lui éviter de mourir. Sans doute espéra-t-il gagner l'affection de parents en les respectant le plus possible.

Certaines, malheureusement, à l'inverse d'Alice ne sont pas parvenues à se dégager de cette dictature du quatrième commandement et ont bridé cette légitime colère au nom de ce précepte sacré.

Pourtant, un jour peut-être pourra-t-on même se surprendre à rire devant ces débordements qui eurent lieu à certaines phases de l'existence et accepter leur présence, une fois perçue leur raison d'être. Car c'est surtout la souffrance due à l'humiliation dont on a le plus de mal à se défaire.

Quand nous aurons compris qu'il y a celle qui nous est utile pour nous positionner et nous respecter, mais aussi

10. *Id.*

celle qui freine et abîme, notre colère s'ajustera tout naturellement et s'atténuera peu à peu. Elle permettra aussi de quitter ce rêve d'un parent idéal que la réalité ne nous a pas fourni et de mettre en place un travail de deuil pour se séparer de toutes ces rancœurs et attentes impossibles.

Alors viendra le temps du pardon…

Le pardon

Au bout du chemin, après parfois beaucoup d'épreuves, se produira le pardon, pas celui qui s'associe au devoir ou à une exigence liée à la morale. Grâce à tout un travail de deuil, il va nous être permis de nous libérer du sentiment de vengeance. « J'ai pardonné, disait Monique qui avait subi l'inceste, sans cela, j'aurais crevé de haine. »

C'est se soulager d'un fardeau que de parvenir à comprendre ce qu'on a subi. Cette compréhension ne signifie pas accepter ou oublier : « Pardonne, mais n'oublie pas », disait Nelson Mandela.

Ce pardon passera par l'acceptation de notre mère telle qu'elle fut envers nous ; il faudra admettre qu'elle ait pu ne pas aimer la petite fille que l'on était et ne pas se cramponner à la douleur de n'avoir pas été dorlotée. Cela nous permettra d'apprendre peu à peu à nous gratifier nous-mêmes. En cessant d'investir magiquement un père ou une mère, en regardant la réalité en face et non avec des yeux remplis d'idéaux enfantins, nous cesserons dattendre ce qui ne peut parfois être. Les erreurs seront acceptées davantage, les aspérités s'atténueront…, et la rage s'estompera.

Pardonner, c'est apprendre à dépasser le reproche, après s'être reconnue le droit à ce ressenti. Ces reproches touchent parfois à de petites choses de la vie : n'avoir jamais eu d'animal sous son toit, avoir dû quitter tous ses amis en déménageant, avoir été forcée plusieurs années à faire une activité que l'on n'aimait pas, ou ne pas avoir été une enfant unique… C'est malheureusement parfois beaucoup plus grave, touchant à des domaines et des situations d'abus ou de maltraitance. Comme l'artiste Barbara dont le parcours fut très lourd et qui put dire à son père qui avait abusé d'elle : « Je te pardonne parce que je chante. » C'est malgré ses blessures, ou « grâce » à elles qu'elle trouva la voie de la sublimation, de la transmutation.

Quand la distance vis-à-vis des émotions et de leur flux parfois ravageur s'effectue, alors le pardon permet de retrouver enfin une paix intérieure, une liberté et un retour à la légèreté. Et quand ce sera notre tour d'être parent, nous comprendrons mieux les difficultés rencontrées par les nôtres, et nous pourrons alors panser certaines blessures d'enfance. En les voyant devenir grands-parents, nous leur offrirons l'opportunité de donner le meilleur d'eux-mêmes, avec peut-être, et même si cela est douloureux, plus de patience et d'indulgence vis-à-vis de leurs petits-enfants qu'ils n'en avaient eu à notre égard. Le temps de la réconciliation pourra alors commencer.

Élise se souvient de cette rancœur qu'elle ressentit durant de nombreuses années vis-à-vis de ses parents et qu'elle finit par dépasser dans le pardon. Celle de n'avoir pas été accueillie dans sa douleur de petite fille quand elle avait quatre ans, de la non-reconnaissance de la jalousie qu'elle ressentait envers ce petit frère qui lui ôtait sa place d'enfant unique et qui suscitait en elle le désir de le supprimer. Quand elle exprimait son sentiment à l'époque et pendant longtemps, elle s'en voyait refuser l'accès : « Tu es égoïste, tu n'est pas gentille… » lui répondaient ses parents, pris dans cette vision idéalisée à laquelle nous aspirons tous d'une famille harmonieuse et idéale. Cette première souffrance ne fut pas entendue et eut pour partenaire une culpabilité qu'elle ressentit toute sa vie, et qui lui fut inoculée en partie à cette occasion. C'est là aussi qu'elle ressentit une intense solitude, celle de n'avoir pas été acceptée avec ses sentiments.

C'est difficile de dépasser le ressentiment et malgré les essais les plus authentiques, parfois on ne peut y parvenir, tout simplement parce qu'on n'y est pas encore prête. Et peut-être y parviendra-t-on un jour… Il se passe tellement de choses surprenantes avec le temps…

Laisser couler les larmes

Laisser déborder l'eau de nos yeux, c'est s'offrir de la douceur, un baume sur la blessure. Ces larmes bienfaitrices que la société réprime chez l'homme font fondre l'armure et brisent la muraille des défenses, et comme la juste colère, elles libèrent le cœur et offrent la possibilité de reconnaître joies et peines. « Le chagrin et la joie ont la même source, sont le même courant qui emporte », dit le poète Rilke. Grâce à elles, la transformation de la meurtrissure a lieu, et tout comme pour la jeune fille sans mains du conte, elles éloignent le mal et conduisent vers la paix intérieure.

Qui n'a jamais ressenti ce soulagement, cet allégement qui parfois fait dire « j'ai tant pleuré que je me sens vidée » ? Celles-là qui, dans l'endroit clos de la psychothérapie, ont lâché leur carapace pour se laisser enfin aller au lâcher prise. « Je ne sais pas pourquoi je pleure, disait Marie-Rose, mais ça me soulage. »

Se laisser aller, c'est aussi retrouver ce qui nous était davantage permis enfant, surtout pour les petites filles. Ne dit-on pas : « Cesse de pleurer comme un enfant », comme si seuls les petits en avaient le droit et le privilège ?

Développer le « grain de folie » en soi

> *Voici l'histoire de Simplet, le plus jeune de trois frères futés qui ne cessent de le tourner en dérision et le considèrent comme stupide. Un jour, ces derniers partirent pour couper du bois en forêt avec des gâteaux et du vin. Ils y rencontrèrent un homme petit et âgé qui leur dit avoir faim, mais ils s'en détournèrent.*
> *Comme le premier garçon se blessa au bras avec sa hache et le second à la jambe, ils furent dans l'obligation de rebrousser chemin. Simplet décide alors d'y aller à son tour, malgré le refus de son père qui l'avait toujours considéré comme un bon à rien. Il part donc mais muni, à l'inverse de ses frères, d'une nourriture bien moins appétissante, des gâteaux à la cendre et de la bière amère, et rencontre lui aussi le même personnage*

grisonnant dans la forêt qu'il accepte aimablement de nourrir. Du coup, ses aliments et sa boisson se transforment en mets et breuvages délicieux. Sa gentillesse lui porte bonheur et il découvre en abattant un arbre une oie aux plumes d'or qui était cachée dans les racines. Il rencontre alors sur son chemin de nombreux envieux qui chaque fois qu'ils veulent s'emparer d'une plume en or voient leur main rester collée à l'animal. C'est ainsi que notre personnage arrive dans une ville où habitait un roi, accompagné par toute une meute de gens attachée à l'oie. Ce roi avait une fille que personne n'avait jamais réussi à faire rire, mais celle-ci en voyant arriver ce curieux personnage affublé de toute sa troupe fut pris d'une crise de rire incoercible. Et comme le roi avait promis la main de sa fille à celui qui parviendrait à la dérider, Simplet la demanda en mariage. Mais ce ne fut pas si simple car le roi doutant encore de l'intelligence de Simplet mit encore celui-ci à l'épreuve à trois reprises, épreuves que notre héros réussit à vaincre pour devenir roi après avoir épousé la princesse (Grimm, *L'Oie d'or*).

La difficulté est grande pour se rendre dans la forêt et les zones sombres de notre inconscient. Et pour trouver l'aide indispensable pour puiser dans la force vitale, il est nécessaire de laisser surgir notre côté fou, déraisonnable et bien souvent méprisé depuis l'enfance. Sans lui, impossible de trouver le trésor, symbolisé ici par l'oie, un animal lui aussi mal considéré et perçu comme stupide, bien caché au creux de l'arbre et qui devient pourtant ici tout aussi précieux que l'or qui recouvre ses plumes.

Socrate disait que c'était de Dieu que venait la folie. Cette folie qui touche les artistes, les poètes, les mystiques et qui suppose la sagesse et la rencontre avec nos forces intérieures. Celle qui est symbolisée dans le jeu du tarot par le personnage du fou, représenté parfois tenant une rose à la main et accompagné d'un chien, qui va constamment vers l'inconnu malgré les risques et les écueils qui le font trébucher. Représentant l'instinct féminin et plein de sagesse, il sait attendre sans forcer le déroulement naturel des événements et en toute humilité reconnaître sa vulnérabilité ; tout comme avec simplicité, il peut se laisser aller à s'asseoir pour pleurer quand quelque chose lui paraît insurmontable. L'accumulation des biens ne l'attire pas et le sentiment de convoitise lui est étranger, celui qui anime tous ceux dont les mains se collent et s'engluent sur l'oie, sujet de leur envie. Le fou représente cette facette joyeuse qui, quand on la sollicite, rend la vie si riche.

Les animaux, les enfants et la nature sont ses amis et le jugement d'autrui lui importe peu, même quand on le considère parfois comme un simple d'esprit. Il se laisse bercer par le moment présent avec une transparence et une authenticité qui peuvent, aux yeux de certains, paraître puériles voire sottes. Il ne cherche pas à être un héros et peut se faire passer pour un « simplet », quand il donne libre cours à son naturel fantasque et spontané.

C'est cette part de nous-mêmes qui nous permet de rêver les yeux grands ouverts. C'est elle aussi qui nous donne la possibilité et la capacité d'aller crier dans la forêt ou de nous attendrir sur une petite pousse à l'arrivée du printemps.

Le rire, lui aussi léger et frais, éloigne des fausses assurances et de certaines gravités inutiles, aide à tourner en dérision nos travers et nos failles et nous renvoie ainsi à l'humilité. C'est grâce à lui qu'il devient possible d'accepter les paradoxes de la vie, avec ce sens de l'humour, ce si précieux atout inhérent à la femme.

C'est aussi le jeu qui en fait partie, cette capacité de création qui se révèle spontanément, instinctivement chez les enfants, capables de s'immerger durant de longs moments dans leur monde imaginaire. Cet imaginaire sans lequel nous ne serions pas un être humain à part entière. Comme mon petit-fils que j'interromps parfois au cours de ses voyages dans son univers intérieur pour lui dire un petit bonjour au téléphone. Comme ce doit lui être difficile de le quitter…

Apprivoiser la solitude

« Il y a une solitude de l'espace, une solitude de la mer, une solitude de la mort, mais elles sont sociétés comparées à ce site plus profond, cette polaire intimité d'une âme qui se visite, infinie finie[11]. »

Laisser dans les temps vacants monter notre espace intérieur, c'est ce que nous permet la bonne solitude, l'agréable compagnie de soi-même. Quand nous étions

---

11. Emily Dickinson, *Poèmes*, Belin, 1989, coll. « L'extrême contemporain ».

petits et que nous prenions contre nous ce si précieux doudou, c'est lui qui permettait de combler ces moments où notre mère s'éloignait, où prise par ses occupations, elle ne pouvait pas répondre à toutes nos demandes. Dès l'enfance, comme l'a développé le psychanalyste Winnicott, nous avons appris à faire de cet objet notre œuvre d'art, à développer notre vie imaginaire, et à rassembler deux mondes : celui de la réalité extérieure avec notre univers interne, le monde du dedans avec celui du dehors. Cet objet permettait d'accepter l'absence, source d'angoisse, et, grâce à lui, de la supporter en gardant notre mère présente symboliquement. Toute notre vie, nous pourrons expérimenter ce qui nous vient de l'époque de nos cinq ou six mois, époque où nous parvenions à supporter l'absence grâce à la rencontre de cet objet transitionnel. Winnicott disait ainsi, dans son ouvrage *De la pédiatrie à la psychanalyse*, que la capacité à acquérir la solitude était liée à la juste distance établie dans notre prime enfance avec notre mère, cette solitude qui nous rend même capables de vivre seuls au milieu des autres et de se suffire à soi-même hors de toute dépendance.

Pour supporter le vide, le manque, la solitude, il faut avoir appris à vivre avec la frustration, celle qui nous fait supporter l'absence de l'autre ou la non-satisfaction immédiate de nos désirs. Celle qui permet d'accepter ces « temps morts » qui, si nous ne les avons pas suffisamment expérimentés, confrontent chacun à l'angoisse de la mort. C'est grâce à la frustration que nous réalisons que malgré le manque, nous sommes pourtant bien vivants.

La société projette sur la femme seule une image parfois négative ou inquiétante, l'associant à une conduite de victime ou d'étrangeté. Pourtant la solitude recherchée par certaines, où « l'âme se choisit pour compagne » (Emily Dickinson), leur permet de retrouver pleinement leur espace et leur rythme propres, ceux dont elles ont besoin pour découvrir et côtoyer leur noyau féminin. C'est grâce à cette solitude qu'elles découvrent leurs voix intérieures pour les matérialiser sous la forme d'une création.

Certaines d'entre elles se trouvent même poussées à se retirer loin de la civilisation, comme ces femmes dont parlent Françoise Lapeyre[12]. Comme Barbara dont l'habitation très isolée lui permettait de vivre sa passion pour la fauconnerie avec le lien étroit qu'elle entretenait avec son busard, oiseau de proie.

La femme alors ne se sent pas seule, mais elle est tout simplement solitaire, semblable à Hestia la déesse dont la sagesse est l'essentielle quête et qui savoure sa retraite en se protégeant du tumulte extérieur près de son foyer.

Cette solitude consentie est bien différente de celle qui s'impose à nous sans aucun choix malheureusement possible parfois. Car la solitude est à double facette… C'est dans la solitude choisie que l'on retrouve paix et sérénité et c'est dans son terreau que nous nous approfondissons nous-mêmes. Accepter ces phases de rencontre avec soi devient alors une chance qui permet de dépasser l'idée imprégnée de passivité que nous ne sommes pas grand-chose sans le

12. Françoise Lapeyre, *Femmes seules retirées loin des villes*, J.-C. Lattès, 2003.

soutien et la présence de quelqu'un. Cela nous écarte aussi de la fusion qui n'est qu'une illusion.

Cet état ne peut exister que lorsqu'il existe ce vide et cette immobilité de l'esprit et du corps suffisamment présents pour l'accueillir, ce vide que beaucoup d'entre nous côtoient de façon insupportable et qu'ils remplissent de mille manières, faute de quoi l'angoisse les étreint.

Ces temps vacants sont de nos jours de moins en moins offerts à l'enfant, dans ses activités nombreuses qui l'empêchent d'accéder à la liberté de rêver, de vivre la vacuité qui permet le jaillissement de l'imaginaire, « l'outil de base de la pensée », disait Albert Jacquard. Et sans lui pas de créativité.

Ce peut être sous la forme d'un jeu que nous pourrions offrir ces moments « où l'on ne fait rien » à nos enfants. Leur apprendre qu'il est important de laisser à la vie des « temps morts » comme on les appelle, des « temps libres » qui malheureusement n'ont pas grand-chose de libre à notre époque surmenée, est nécessaire. Car plus la vie d'un enfant a été encombrée et planifiée, moins lui aura été offerte les possibilités de rêver, d'inventer et d'imaginer. Tant de parents se plaignent de l'agitation de leurs enfants qui ont besoin de sortir de leur état de saturation, de se retrouver dans des moments de grand calme, des moments où on leur dirait : « On va jouer à écouter le silence. Juste une petite minute. Tu vas voir il peut se passer des choses. Ne faisons rien, ne disons rien. » Il découvrira alors le bruit de l'oiseau qui passe devant la fenêtre ou celui du petit réveil qui fait son tic-tac, tout étonné de ne l'avoir jamais remarqué.

Il découvrira aussi qu'on n'est pas obligé de faire quelque chose pour se sentir vivant et pour sentir la quintessence de l'existence ; que les moments pleins et vides font tous deux partie du temps. Celui qui faisait dire à un africain rencontré par Nicolas Hulot lors de ses nombreux voyages : « Vous, les Occidentaux, vous avez l'heure. Mais vous n'avez jamais le temps[13]. »

Il est si doux d'entrer en soi pour entendre la musique du silence intérieur. Beaucoup de femmes s'y adonnent avec plaisir. « Quand j'ouvre mes volets un jour de beau temps, disait l'une d'elles, je plonge sans le rechercher dans des pensées où je retrouve ce qui m'est essentiel. »

La vie de Rachel Carlson en est un très bel exemple.

Rachel est née en Amérique en 1907 et fit partie de ces femmes profondément attirées et éprises de solitude dès son plus jeune âge, fascinée par l'immensité océanique qui ne cessa de l'attirer au détriment d'une vie sociale dont elle s'éloigna et qui ne lui convenait pas. Une des premières biologistes en 1936, elle se pencha dans les années 1960 sur le respect écologique de la planète qui, à l'époque, ne faisait pas autant parler de lui qu'aujourd'hui. Elle fut pendant longtemps méprisée et reniée pour ses divers travaux, elle qui pourtant associait l'érudition (elle eut un poste d'océanographe) à une âme de poète, accordant son don pour le monde imaginaire avec son profond enthousiasme pour les sciences. Pour puiser dans toutes ses ressources, elle se

---

13. Nicolas Hulot, *Le Syndrome du Titanic*, Calmann-Lévy, 2004.

retirait « dans sa caverne secrète », disait-elle, sans pour autant se départir de son caractère joyeux, gai et porté à la plaisanterie et à l'humour.

La publication en 1937 d'articles sur les mystères de la vie de l'océan ne lui permit pas de gagner correctement sa vie, et sa renommée ne perça qu'en 1950, lors d'une autre publication liée à sa fascination pour l'océan et l'écriture. « Écrire, disait-elle, est une occupation solitaire. Pendant son travail créateur, l'écrivain doit se couper des autres et affronter seul son sujet. Il pénètre alors dans un domaine jusque-là inconnu de lui, peut-être même inconnu de tous[14]. » Il lui arrivait d'écrire jusque dans la nuit inspirée par les auteurs qu'elle aimait.

Mais ce besoin de solitude fut malmené face à l'importante publicité à laquelle donna lieu son ouvrage *The Sea Around Us* (la mer qui nous entoure), qui obtint plusieurs prix et grâce auquel avec ses droits d'auteur, elle put enfin acquérir une petite maison surplombant la mer. Elle continua l'écriture avec *Silent Spring* (printemps silencieux) qui accusait les technologies nocives pour la planète, pour les oiseaux et les insectes. Elle fut très violemment attaquée par certaines entreprises de produits chimiques qui la menacèrent de poursuites, ce qui n'empêcha pas le président Kennedy de réclamer une enquête gouvernementale. Cette femme, après avoir dédié son livre à Albert Schweitzer, se vit recevoir différentes médailles et fut élue

14. Paul Brooks, *The House of life : Rachel Carlson at Work,*, Boston, Houghton Miffllin.

membre de l'Académie américaine des arts et des lettres. Elle quitta notre monde à cinquante-six ans après avoir écrit ces mots sur le sens que fut son existence :

> « *Tout au long de ma vie je me suis intéressée aux beautés et aux mystères qui nous entourent, et aux mystères encore plus grands des créatures terrestres et marines. Nul ne peut réfléchir à ces choses sans approfondir ses pensées, sans se poser des questions profondes souvent laissées sans réponse, sans parvenir à une certaine philosophie de la vie… Le bonheur, l'importance de ce contact avec la nature ne sont pas réservés aux seuls spécialistes. Ils sont à la portée de tous ceux qui acceptent de céder à l'enchantement d'un sommet de montagne, des solitudes océaniques, du silence de la forêt ; à tous ceux qui savent s'arrêter pour réfléchir au mystère contenu dans une graine qui germe… Je crois que chaque fois que nous détruisons cette beauté ou que nous substituons quelque chose d'artificiel, fabriqué de main d'homme, à un élément naturel, nous faisons obstacle au développement spirituel de l'être humain*[15]. »

Faire silence

Le silence fait partie de la tendresse, celle que l'on doit s'apporter, cette tendresse qui a beaucoup de difficulté à

---

15. *Id.*

côtoyer la vitesse. Chacun peut tenter de le rencontrer à sa façon, devant un paysage, par la prière ou la musique, ou en se laissant aller à ne rien faire dans un lâcher prise plein d'accueil.

Ce silence, quand on lui prête une attention délicate et subtile, pénètre en profondeur et nous confronte à cette question : « Qu'y a-t-il au-delà des apparences ? » Écoutons-le derrière chaque bruit, entre deux paroles, entre deux musiques, entre deux de nos pensées… Il est toujours là. Comme une toile de fond sur laquelle les sons se posent. Ce silence qui, source féconde, permet le jaillissement de l'écriture, la fabrication de beaux objets, l'émergence des mouvements de la danse ou l'embellissement du jardin. Ou encore la communication avec le monde minéral, les rochers, comme pour Marie-Jeanne[16]. « Dans cette affinité particulière avec le minéral, que je ne ressens pas pour les arbres par exemple, leur vie étrange, longue, immobile, les siècles de leur âge entrent en concordance avec quelque chose de moi, cette personne que je suis maintenant qui demande à être simplement en étant là… » Ou pour Florine qui confectionnait au crochet des tas de jolies choses, même dans la nuit quand sa famille dormait.

« Le silence est la condition de la musique. Il permet la méditation, l'acceptation de l'univers par l'être qui le contemple. Sans un silence préalable, il n'y a pas de musique. J'ai toujours pensé que la première mélodie du monde a dû s'élever dans la pénombre du soir, sur un lac où il n'y avait pas un souffle de vent[17]. »

---

16. Françoise Lapeyre, *Femmes seules retirées loin des villes, op. cit.*
17. Yehudi Menuhin, *L'Âme et l'archet*, Aliced Emitsons, 2001.

Retrouver cette faculté d'entrer dans l'univers du dedans. Rencontrer la page blanche dans ces temps de vacuité qui permettent de s'imprégner du monde, retrouver la rêverie sans laquelle les idées créatrices ne pourraient pas naître. Sans temps vacant, pas de rencontre possible.

Recontacter son rythme intérieur, notre tempo intime, en redonnant pleinement sa place au temps. Ce temps qu'apprécie l'histoire pour ne pas être brusquée dans son cours et ne pas voir son évolution naturelle forcée, sous peine de voir s'installer la dictature avec son régime de terreur.

C'est ce rythme qui nous permet d'écouter notre respiration, de regarder autour de nous, de prendre au vol par le regard ces petits instants qui apportent de la beauté : une grand-mère et un grand-père qui voyagent ensemble dans le train et qui se disent plein de choses. Un papa qui porte sur ses épaules son enfant, fier comme s'il dominait le monde. Ces petits moments où sans rien faire nous nous ouvrons à des instants de grande richesse que d'autres nous font partager si nous y prêtons attention ; ces petites scènes de la vie qui pourraient passer inaperçues et que seuls ces moments de calme intérieur en accord avec notre propre cadence nous permettent de goûter.

Prendre le temps et avoir la patience que tout arbre possède pour grandir, tout comme l'araignée qui reconstruit inlassablement sa toile à chaque fois qu'un coup de balai l'a détruite. Faire de la persévérance notre amie, mais sans cette obstination qui, au contraire, épuise nos forces.

Prendre soin du « processus », celui qui respecte les étapes incontournables pour accéder à son but. Celui qui est nécessaire pour dénouer les situations difficiles, lentement, doucement, posément. Laisser à la vie son temps pour faire son œuvre, tel un pouls qui bat.

Car ce temps, si on ne l'a pas respecté au cours de vies trépidantes, un jour se vengera en faisant « lâcher » notre mémoire qu'on croyait jusque-là infaillible. Cette mémoire qui est de plus en plus à l'origine de remises en cause. À se demander si elle aussi ne va pas devenir un des nouveaux spectres d'inquiétude pour ces personnes qui paniquent face à elle, quand elle n'est plus à son maximum d'efficience, au même titre que les tabous concernant la vieillesse, la maladie mentale et la mort. La mémoire est-elle en train de monter elle aussi sur la sellette avec le spectre du « gâtisme » ou de la fameuse maladie d'Alzheimer que les médias commencent à prendre dans leurs griffes peut-être au-delà du raisonnable ?

Henriette, comme beaucoup d'autres, est venue se plaindre de ses oublis quotidiens. Elle n'avait pourtant que quarante-huit ans. C'est vrai qu'Henriette ne savait plus où elle avait posé son livre, si elle avait déjà changé l'eau de ses fleurs, ni où elle avait mis le dernier pull qu'elle venait de s'acheter, ce qui la mettait dans un profond état d'insécurité puisqu'elle doutait de ses capacités mentales. Elle avait subi différents examens neurologiques qui n'avaient abouti qu'à des « tout est parfaitement normal » de la part des spécialistes, ce qui l'avait encore plus alarmée. Il est si important pour nous de comprendre… Tout simplement, Henriette qui était aide-soignante avait été prise dans une profession très fatigante, peu gratifiante et où elle donnait beaucoup, et avait vécu sous la coupe d'une hiérarchie qui exerçait une pression maximale sur toute l'équipe. Puis un jour tout bascula, et la mémoire avec, elle qui avait été mise à si rude épreuve des années durant. Car la mémoire, comme le corps, réclame elle aussi ce respect, celui de ses limites, quand elle est trop sollicitée. Ainsi un beau jour, celle-ci « se déconnecta », comme le fait automatiquement un simple système électrique, quand il est menacé de court-circuit, afin de retrouver l'équilibre. Ce n'était que la conséquence d'un surmenage extrême et violent durant depuis beaucoup trop longtemps. Sa mémoire reprit un cours beaucoup plus normal quand Henriette apprit à se respecter et à suivre son rythme naturel plus fréquemment.

La mémoire fait partie de nous, au même titre que nos membres, notre tête, ou chacun de nos organes. Et tous, quand ils n'ont pas été pris en considération, demandent cette part qui leur est due, et sans délicatesse parfois. La crainte de devenir vieux, « gâteux » et non performant nous angoisse tous, et quel soulagement pour celles qui donnent un nouveau sens à cette mémoire défaillante ! C'est le sens d'un réajustement en train de se faire dans leur personne tout entière, quand il n'apparaît aucune trace aux examens d'un quelconque handicap neurologique…

Dépasser la peur

Tandis que la porte est grande ouverte, quelle folie de vouloir sortir en te pressant contre la fenêtre (proverbe zen).

Comme l'abeille qui s'acharne pour trouver une issue alors qu'elle la touche presque, il est fréquent de se laisser prendre au piège de ses propres peurs qui empêchent de voir la solution pourtant toute proche. À force de s'occuper d'elles, on a fini par se sentir prisonnière dans un cachot. La peur de la vie, celle de nous tromper, dans une société où la notion constructive de l'échec n'est pas de mise, nous imprègnent car on ne nous a pas appris à accepter l'erreur. Il y a aussi la peur de ne plus être aimée, d'être jugée ou incomprise, celle d'être rendue coupable par crainte de faire mal.

Il faut dépasser tout cela pour bouger, pour ne pas sombrer dans l'immobilisme, synonyme de mort, sans adopter une position de combat face cette ennemie, mais en essayant de l'apprivoiser pour qu'elle prenne moins d'importance. Ne dit-on pas « faute de combattant, la guerre s'arrête »? Les enfants y parviennent très bien quand ils donnent à leur peur une forme dans leurs dessins. Telle Alice qui, un jour, dans un débordement de larmes, put m'exprimer sa peur des autres et réussit en très peu de temps à l'apprivoiser, en décidant de l'écrire et de la déposer sur le papier de son carnet intime, en mots bien palpables. En lui donnant une apparence extérieure, elle put la regarder en face, lui donner ainsi beaucoup moins d'importance et ajuster sa place.

Quel dommage que ces craintes nous empêchent d'apprendre les leçons ! Celles que, de toute façon, la vie ne nous épargnera pas et qui reviendront durant notre vieillesse si nous ne les avons pas encore comprises. Si la solitude a été fuite, nous y serons confrontées parfois avec plus de douleur. Si nous avons opté pour l'apparence, notre corps, quand il se flétrira, nous deviendra insupportable…

Renouer avec l'enfance

Notre voix d'enfant supporte avec grande difficulté d'être abandonnée.

Au travers son roman *Les Coloriés*[18], Alexandre Jardin nous dépeint avec finesse et drôlerie un pays, ou plus exactement une île, où l'enfance et le jeu représentent pour une grande part les valeurs essentielles à travers ses héros, Dafna et Hippolyte, turbulents et sincères. Ils ont retrouvé en eux la part « sauvage », cette pensée animiste qui rend vivante la pierre qui roule, l'eau qui coule, le vent qui souffle ou le soleil qui réchauffe. C'est un peu comme retrouver la part de notre enfance et en réveiller la mémoire ; ils ont renoué avec l'audace, avec ce sens de l'émerveillement qui peut nous avoir quitté.

Mais il ne s'agit pas de cette innocence naïve, que l'on nomme immaturité ou enfantillage, celle qui nous maintient dans la dépendance et dans la croyance que la bonté règne partout. Tout en gardant ce naturel, il s'agit aussi d'apprendre avec de plus en plus de subtilité qu'il existe chez certains une grande habilité à détruire l'autre, bien souvent quand eux-mêmes ont été détruits. Il s'agit de garder cette ouverture naturelle à l'essentiel que nous avons appris au cours des ans à discerner, et qui donne aux enfants un air si grave parfois. Le Petit Chaperon rouge perd bel et bien son innocence et sa naïveté en rencontrant les dangers qui peuplent le monde. Mais une fois la fillette dévorée par

---

18. Alexandre Jardin, *Les Coloriés*, Gallimard, 2004.

le loup et délivrée par le chasseur, elle va renaître une seconde fois de manière différente et avec un autre accès au monde.

Contacter à nouveau cet enfant dont parle l'Évangile, « l'enfant qui est né de la maturité de l'âge d'homme » selon H. Corbin, et non l'enfant inconscient.

Faire exister nos songes et leur donner l'opportunité de voir le jour. Joëlle de Gravelaine l'exprime très joliment quand elle retrace ce souvenir de son enfance : « Je me souviens enfant, d'avoir demandé un jour à ma mère qu'elle m'explique la différence entre l'abstrait et le concret. J'ai – et c'est symptomatique – oublié la définition qu'elle m'a donnée de l'abstrait mais je me souviens de mon intense jubilation lorsqu'elle m'a dit : "Le concret c'est une pomme de terre !" J'ai manifesté tant de joie, je me suis sentie tellement sécurisée par ce sublime tubercule, que pendant un bon moment on m'a appelée "Pomme de terre". Oui, la pomme de terre c'est du concret, de la nourriture pour les humains, du plaisir et de la saveur[19]… »

Après la peine, le deuil d'une personne aimée ou la perte d'une relation qui nous était si précieuse, il est si bon de retrouver le jeu, par tout son être, corps et esprit, le rire et la légèreté. N'est-ce pas ce qui nous anime alors pour renouer avec la vie, avec une sorte d'ivresse puissante qui nous transporte ? « Les enfants sont toujours ivres », disait Baudelaire. Se réconcilier avec notre côté ludique et joyeux et faire palpiter cette part ancienne de notre âme se révèle

---

19. Joëlle de Gravelaine, *La Déesse sauvage. Les divinités féminines*, *op. cit.*

indispensable. Chanter et danser aussi, pour retrouver le flux vital et son incessant mouvement, cet élan vital qui est défini ainsi par le Petit Robert[20] : « Mouvement vital, créateur, qui traverse la matière en se diversifiant. »

Isadora Duncan « la danseuse aux pieds nus » interprétait librement et sans chorégraphie ses sentiments les plus profonds, extériorisant par son art la légèreté de son âme et se désencombrant par là des choses inutiles, ses pieds en contact avec le sol, la terre, qui faisaient dire aux femmes d'une certaine tribu « qu'on a les yeux bandés quand on a des chaussures[21] ». Retrouver le lien à la terre comme savaient si bien le faire les déesses à l'époque de leur lumière avant qu'elles ne deviennent ombres ou sorcières menaçantes.

Loïe Fuller, la « danseuse de la belle époque », dansait avec ses voiles en se déployant dans l'espace. Ce voile de soie, dit Giovanni Lista[22], était semblable à l'énergie de vie dont tout mouvement est porteur. Les spirales qu'il effectuait évoquaient des serpentins, des papillons, des vagues, des animaux ou des plantes... Son corps était au service de ce voile, pris dans le jeu des lumières et des couleurs. Elle s'envolait en quelque sorte, exprimant par ses mouvements, ses vibrations et ses ondulations ce qui nous inspirait sans doute quand nous étions petites filles. « Isadora sculpte, Loïe peint », dit l'auteur.

---

20. *Dictionnaire alphabétique analogique de la langue française*, Société du nouveau Littré, 1982.
21. Cf. Joëlle de Gravelaine, *op. cit.*
22. Giovanni Lista, *La Danseuse de la Belle Époque*, Stock-Somogy, 1994.

Il est si bon de se remémorer les rondes de son enfance, comme cela m'arrive à chaque fois dans la danse, si importante dans mon « petit paradis » qu'est la Bretagne. Je ressens toujours une grande émotion à voir, main dans la main ou coudes serrés, des enfants, des jeunes gens ou des hommes et femmes d'un très grand âge, s'animer tous ensemble dans ces *Fest noz*, comme on les appelle ici, et sous cette musique si particulière, d'un même mouvement, sans qu'aucune distinction d'âge, de sexe ou de classe sociale ne vienne interférer la joie partagée.

Et même si avec la maturité et la venue du grand âge le mouvement se restreint, si son aisance, sa vivacité et la rapidité de son rythme se limitent et se restreignent, peu importe, car c'est à l'intérieur de nous-mêmes qu'il semble davantage se déployer, comme s'il devenait à cette avancée de la vie davantage possible de contacter plus librement et plus largement les zones illimitées de nos espaces du dedans.

Recontacter l'enfance c'est effectuer un retour vers l'authenticité. Mais il ne s'agit pas de celle qui donne lieu à des malentendus, et qui semble bien souvent actuellement mener à la confusion avec ce total dévoilement de la personne sans pudeur, sans retenue. Dans les émissions de « télé-réalité » actuelles par exemple, l'intimité est dévoilée sans limites, ou dans l'utilisation quelque peu « exhibitrice » des portables qui révèle aux oreilles de tout le monde, dans des lieux clos et publics, des parts de vie quotidienne très personnelle, sans se soucier du voisinage. J'ai entendu à bord d'un train ce rappel à l'ordre non démuni d'humour pour dissuader du mauvais usage de l'appareil : « À défaut d'avoir pu dormir, votre voisine aura saisi toute la complexité de la relation avec votre maman ! », suivi d'une injonction à garder son portable éteint à l'intérieur des wagons !

Retrouver notre enthousiasme, *entheos* – dont l'étymologie signifie « être inspiré par la divinité », « être animé du transport divin » –, celui de l'émerveillement face aux secrets de la nature. Cet émerveillement qui, quand il surgit, aide à repousser toute sensation d'ennui et qui représente l'outil le plus puissant face à la désaffection. « Les grands, disait Jacques Prévert, ne savent pas voir, surtout quand c'est joli. »

Retrouver l'énergie qu'apportent la forêt, la mer, la terre, les enfants. Retrouver en nous cette capacité à se concentrer sur l'instant pour en extraire toute son intensité.

Cet état non civilisé retrouvé, je garde le souvenir de l'avoir partagé avec une amie un jour de grand vent au tout début de printemps dans la mer pleine de vagues. Nous avions revêtu nos combinaisons pour affronter l'eau de mer encore froide en ce mois d'avril débutant et avions plongé dans l'eau de l'océan, courant, sautant en accord avec le mouvement des rouleaux pour apprivoiser une température plus que fraîche. Mon amie, tel un poisson, disparaissait sous l'eau pour ressortir un moment plus tard. Un moment fort où nous avions rejoint notre « femme sauvage » ou notre enfance, qui se ressemblent tant.

C'est cette authenticité que nous essayons de retrouver durant la traversée d'un mal-être ou d'une vie qui ne nous convient pas, quand on a la sensation d'avoir déserté sa maison intérieure. Ce temps où enfant, on chuchotait dans le vent, parlait au ruisseau, aux forêts, aux étoiles… Où l'on faisait des ricochets dans l'eau, émerveillée de ces mouvements provoqués par les cailloux, où l'on faisait crisser sous nos pieds les feuilles mortes en en extirpant quelques marrons tombés des arbres. C'était le temps où sans le savoir nous étions encore à l'unisson de la terre mère, celle de nos origines… Avez-vous vu ce regard d'extase quand un tout-petit découvre la neige pour la première fois… ? Tout cela a eu lieu, que l'on ait été petite fille ou petit garçon, avant que notre éducation nous recouvre d'une seconde peau. Ce sont ces retrouvailles qui permettent de « prendre les choses à la légère » ; ce sont elles qui relient au monde des sensations, à la terre sur laquelle nous dansons, ou que nos mains contactent les jours de jardinage… Et écoutez-vous respirer parfois ; écoutez votre souffle ; ce flux, ce va-et-vient fait d'inspir où l'on prend et d'expir où on laisse, où on abandonne.

Tout cela permet de remettre du sacré dans notre rapport à la nature et de garder vivant le sens du mystère. C'est ainsi que Josée exprimait cette sensation : « Je m'émerveille à chaque fois que je vois pousser, d'abord comme un petit point qui sort de terre, la graine que j'ai plantée. À chaque fois, je ne m'y fais pas, c'est comme magique, c'est la vie qui se manifeste. »

La peur de devenir adulte a pu saisir certaines, comme Peter Pan qui s'y refusait et qui exprimait en ces mots sa perception du monde des grands : « Grandir c'est devenir raisonnable, énervant, assommant[23]. » « Peter Pan comme tous les bébés a été un oiseau avant d'être un petit garçon… Seuls les enfants et les oiseaux savent voler[24]. »

Quand on ne veut plus du masque, nous retrouvons cette part lumineuse et magique, l'ouverture, l'étonnement, le goût de la découverte, le rire et l'imagination. Un état sans dérobade, un retour aux sources qui n'empêche pas de rester relier à cette autre facette, elle aussi indispensable, faite de rigueur, de discipline, de détermination et de responsabilité. Un côté n'exclut pas l'autre. Et laisser vivre librement sa part enjouée et juvénile ne doit pas empêcher notre esprit de rester ouvert avec la vigilance nécessaire.

Baudelaire exprime fort bien le parallèle entre le génie, celui de la création et l'enfance : « Le génie n'est que l'enfance retrouvée à volonté, l'enfance douée maintenant, pour l'exprimer, d'organes virils et de l'esprit analytique qui lui permet d'ordonner la somme de matériaux involontairement amassée. C'est à cette curiosité profonde et joyeuse qu'il faut attribuer l'œil fixe et animalement extatique des enfants devant le nouveau, quel qu'il soit, visage ou paysage, lumière, dorure, couleurs, étoffes chatoyantes[25]… »

La sexualité fait partie de tout cela, elle qui réveille Éros, le dieu de l'amour, « cet énergumène rose, joufflu et volatile,

---

23. James Matthew Barrie, *Peter Pan*, Gallimard, 1977, Folio junior.
24. Marie-Louise Audiberti, *Écrire l'enfance*, *op. cit.*
25. Cité par Claude Pichois, « Le peintre de la vie moderne », Chapitre III, 1863, dans Baudelaire, *Œuvres complètes*, Gallimard, Bibliothèque de la Pléiade.

dont le sang est rouge et les poumons écarlates », dit Yves Prigent. Ce dieu de l'amour qui ne craint pas l'imprévu et l'inconnu symbolise le feu qui nous anime et la pulsion de vie qui empêche toute mort psychique. Faire que les étreintes aient « le charme léger d'une partie de cache-cache dans un arbre[26] », telle est la recherche des deux principaux personnages de l'ouvrage d'Alexandre Jardin.

Oser. Redonner à sa vie ses couleurs véritables

> « ... *Tu sais que je suis riche ? À milliers, à millions. Milliardaire de douleur, de pluie cinglante, drue, éclaboussante, de peur, de solitude, de frimas. Mais aussi... milliardaire d'appétits, d'énergie, d'envie de frétiller, de goûter, de rire.*
>
> *Ça y est, j'ai retrouvé mes ailes ! Non à l'immobilité. En route pour le mouvement, l'accélération, les montagnes russes, le va-et-vient, la barcarolle.*
>
> *Je défais l'espagnolette, je pousse les targettes, j'ouvre tout grand la baie vitrée. Je déchaîne les verrous, je tourne le loquet, je déverrouille les gonds. Je tire la chevillette et la bobinettte cherra sûrement. Ouvrez-vous, volets, persiennes, judas, souricières, cachots. Ombrelles découvrez-vous. Écartez-vous rideaux, doubles rideaux de percale... Dégagez, oubliettes, portes secrètes. Dehors, les faux-fuyants, les faux-semblants, les faux jetons.*

26. Alexandre Jardin, *Les Coloriés*, *op. cit.*

> *Taillez-vous les « qu'en-dira-t-on », les « soi-disant », les « on dit que… », les « il paraît que… », les « savez-vous donc… » Dehors les « enfin », les « c'est pas possible ! », les « hélas », les « mon Dieu ! », les « quel malheur ! » Non, bonheur ! Vous n'avez rien compris. Bonheur intense, rires, larmes de rire, hoquets de rire*[27]*…* »

Comment pourrait-on apprécier le bon de la vie si on pensait ne jamais avoir à la perdre ? Pour certaines, ranimer cette flamme passera par un changement radical de mode de vie, seul moyen pour se trouver en phase avec soi-même et faire le deuil de ce qui ne nous correspond plus. « Si vous abandonnez quelque chose, c'est que vous êtes sur le point de trouver autre chose », affirme George Bernard Shaw.

Peu importe l'âge pour effectuer le virage, que nous ayons trente, quarante, cinquante et au-delà. Et si nous avons attendu longtemps et que nous ayons pris du retard, peut-être brûlerons-nous alors des étapes pour rattraper le temps perdu.

Elle avait quarante et un ans. La première fois que je la rencontrai, son regard était vide, sans fond. Elle avait traversé de si nombreuses souffrances : le départ de son mari, le décès de son fils, coup sur coup. C'est à tous petits pas que ses yeux changèrent et devinrent de plus en plus transparents, au fur et à mesure qu'elle redonnait sens à son existence. Puis un jour, un projet se fit jour en elle. Elle décida de partir en mission humanitaire et de quitter le

---

27. Annie Girardot, *Vivre d'aimer*, Robert Laffont, 1989.

poste de secrétariat qu'elle occupait depuis très longtemps. Elle avait en fait écouté cette petite musique intérieure qui se fait parfois entendre dans les temps de silence que nous nous accordons, loin du tumulte du dehors. Celle qui se montre d'abord à pas feutrés pour devenir de plus en plus audible à nos oreilles, d'autant plus qu'un signe puis un autre et encore un autre nous font des clins d'œil au cours d'une lecture, d'un mot entendu ou d'une rencontre.

Pour Leila, dont Armelle Oger décrit le parcours parmi tant d'autres[28], le grand virage eut lieu le jour où elle décida de quitter son Maroc pour la France avec ses trois enfants, elle qui ne parlait pas la langue et ne connaissait personne. Un seul nom comme repère, celui d'un gîte où dormir, et divers petits boulots pour coucher dans des chambres minuscules. Elle y est arrivée et a fini par trouver à force d'obstination et d'opiniâtreté un appartement à louer grâce à ses salaires.

Il y a celles qui un beau jour décident de se mettre au service des animaux menacés, comme les singes, les loups ou les baleines, avec un désir de communiquer avec un animal indemne de toute « pollution humaine », semblable à celui qu'on éprouve face à la nature. Comme le disait une femme que cite Armelle Oger : « La vie ne fonctionne bien qu'à coups d'accélérateur. » Et ces coups-là, nombreuses sont celles qui se les sont donnés.

---

28. Armelle Oger, *Et si on changeait de vie*, Le Livre de poche, 2002, coll. « Psychologie ».

Nelly, secrétaire, est devenue après de nombreux efforts propriétaire d'une crêperie en Bretagne. Quant à Jacqueline, elle a tout quitté à quarante-cinq ans pour rejoindre les chevaux sauvages et renouer avec une très ancienne passion, après avoir été professeur de lettres pendant près de vingt ans. Elles ne sont pas rares celles qui, un beau jour, s'autorisent grâce à la pleine écoute d'elles-mêmes le virage salutaire…

Savoir quitter

Vivre est un risque permanent C'est lui qui a permis à ces femmes de dépasser les caps que la vie ne cesse d'imposer. De la naissance au dernier souffle, il faut sans cesse se dépouiller des illusions et du monde en toc et en trompe-l'œil qu'elles représentent, car ce théâtre des apparences ne laisse pas filtrer l'essentiel.

C'est durant l'adolescence qu'un remaniement bouleversant interviendra, parfois très brutal, celui de cet « idéal du moi », de cette vision idyllique du monde et des autres qui définissait le monde de l'enfance. C'est pourtant grâce à lui que nous aspirerons à entretenir nos valeurs, et notamment celles d'un monde meilleur, en veillant à ce que la notion d'humanité ne disparaisse pas. C'est grâce à lui que le « devoir d'utopie », selon les termes d'Emmanuel Hirsch, dont la terre a tant besoin s'accomplit, cette utopie « qui n'est pas l'irréalisable, mais l'irréalisé », disait Théodore Monod.

Cet idéal du moi est composé de nos visions les plus nobles, de nos aspirations les plus grandes, d'un monde beau, pur et parfait qui hélas n'existe pas. Il faudra, et ceci continuera durant la vie entière, admettre que le monde ne pourra jamais être tel que nous le concevions, et l'adaptation à la réalité sera demandée constamment, tâche oh combien difficile ! C'est en grandissant que l'on apprend que la distance entre rêve et réalité peut être immense et que les aspirations de toute-puissance que nous possédions auparavant sont inaccessibles à jamais. Copernic l'avait autrefois illustré à sa façon quand il avait démontré que l'homme n'était pas le centre de l'univers.

Florence qui comme chacune rêvait d'une famille idéale et harmonieuse réalisa que depuis l'arrivée de son gendre, tout s'était trouvé transformé et que sa fille lui semblait très lointaine. Mais il ne s'agissait pas de cette distance normale quand un enfant construit à son tour sa propre famille et qui fait partie de la roue de la vie, mais de celle qui s'installe pernicieusement quand un homme n'apprécie pas sa belle-mère. Alors qu'elle en avait attendu une relation plutôt complice, Florence sentait bien, alors qu'elle avait toujours voulu rester très discrète, une grande agressivité à son égard de la part du compagnon de sa fille sans jamais en comprendre les raisons. Se soumettre à cette réalité-là lui fut très douloureux, d'autant plus que l'éloignement géographique ne facilitait pas les choses.

C'est aussi la désillusion de ces élèves-infirmières qui parviennent au bout de leurs études avec toujours la vision idéalisée de leur profession, basée sur l'humanité, l'écoute et le respect de l'autre. Mais elles se retrouvent comme Annie au sein de la structure hospitalière réalisant que le quotidien n'a plus rien à voir avec leurs aspirations, la gestion administrative et la réduction du temps de travail amenuisant de façon considérable la part du relationnel auprès des malades…

Oui, l'idéal du moi quand il est trop important rend encore plus douloureuse la rencontre avec une réalité qui bien souvent – et c'est l'âge qui nous l'enseigne – n'a dans certaines circonstances rien à voir avec nos souhaits profonds. C'est là qu'accorder, mettre en lien ce que l'on est, son monde intérieur, avec celui du dehors est un travail si délicat… L'enfance, l'adolescence et la maturité en sont autant de chemins initiatiques. Tout comme plus tard le sera la retraite, si les pertes du passé n'ont pas été digérées, car elle pourra faire remonter à la surface d'anciens chagrins.

Le temps enseigne la dure réalité, celle qui décape les rêves d'adolescence, celle qui nous fait quitter l'absolu et la croyance en un bonheur total. Mais en accédant à la vérité, l'on parvient à moins se sentir trahi et même à supporter avec plus de sagesse les circonstances de la vie. Nous apprenons qu'on ne peut venir à bout de toute situation et que nous n'en sommes pas toujours maîtres ; que subsiste cette humilité qu'apprit Bénédicte qui finissait par se noyer elle-même en essayant de sortir son mari de sa maladie mentale et qui ne parvenait pas à accepter son impuissance : « J'ai toujours cru que je pourrais être suffisamment forte pour le sortir de là », disait-elle, sentant en même temps qu'elle commençait à plonger dans les angoisses de mort qu'il lui renvoyait. Elle réapprit tout simplement à vivre, à faire la part entre ce qu'elle était capable de changer autour d'elle et ce qui lui serait toujours inaccessible.

Savoir renoncer, quitter, s'épurer, donner un sens à la séparation, c'est bien ce que dit le renard au Petit Prince :

> « *Et quand l'heure du départ fut proche :*
> *– Ah ! dit le renard... Je pleurerai.*
> *– C'est ta faute, dit le petit prince.*
> *– Bien sûr, dit le renard.*
> *– Mais tu vas pleurer ! dit le petit prince.*
> *– Bien sûr, dit le renard ;*
> *– Alors tu n'y gagnes rien !*
> *– J'y gagne, dit le renard, à cause de la couleur du blé*[29]. »

Savoir quitter c'est aussi s'ouvrir à l'inconnu et aller de l'avant sans savoir de quoi il sera fait, avec confiance.

« La culture, dit-on, c'est ce qui reste, quand on a tout oublié. » Ne pourrait-on pas dire la même chose pour ce qui concerne l'essentiel ? C'est ce qu'il m'arrive de penser quand je croise une personne très âgée qui se plaint de sa mémoire. Peut-être que la détérioration naturelle des fonction biologiques intervient en partie, mais peut-être aussi ne lui reste-t-il plus que l'essentiel dans la tête et dans le cœur, le reste lui paraissant avec le recul du temps tellement accessoire qu'elle s'en est de plus en plus déchargée et allégée. Un peu comme lorsqu'on se déleste progressivement de ses bagages pour monter, léger et serein,

29. Saint-Exupéry, *Le Petit Prince*, Gallimard, 1962.

au sommet d'une montagne, ou que l'on fait de l'élévation la quête de son existence. Ne reste plus alors que quelques souvenirs, tendres ou douloureux mais si précieux, des scènes d'enfance, ou de fiançailles ; des images et des sensations, parfois loin des dates et des repères matériels qui n'ont plus l'importance qu'on leur donnait jadis.

Relier, « faire du lien » en soi

En intégrant, en unifiant en soi ce qui pourrait n'être que diverses dualités, en dépassant ce qui aurait tendance à s'opposer en soi, on peut ainsi se rapprocher de la maturité. La jeunesse et la vieillesse, la destruction et la création, l'amour et la haine, l'attachement et la séparation en font partie. Déjà tout petits, nous en avions fait l'expérience face au jugement porté sur notre mère, bonne et mauvaise à la fois, face à notre désir de dépendance et d'autonomie qui ne faisaient pas bon ménage, ou encore au travers de nos comportements semblables à ceux d'un ange ou d'un petit démon.

Il faut sans doute se résoudre au fait que nous sommes tout cela, que nous pouvons aimer et détester à la fois la même personne ; que nous ne contrôlons pas tout et que pourtant nous sommes partie prenante face à notre vie et notre destin qui sont composés de nombreuses répétitions, mais qui offrent également de superbes opportunités de changements.

En acceptant tous ces contraires, nous parvenons tout simplement à accepter les pluralités en nous et dans la vie et à accueillir avec plus de confiance et de souplesse l'éphémère…

Écouter sa petite voix et prendre soin de soi

Parfois on a cette étrange sensation que les mots sortent de la bouche sans qu'on ait rien pu y faire. « Comme si ce n'était pas moi qui parlais, comme si mes paroles sortaient de je ne sais où », ai-je souvent entendu. C'est cette intuition, ce sixième sens que l'on peut laisser émerger bien plus souvent si l'on y prête plus d'attention. C'est cette voix intérieure débarrassée de toute peur et de tout contrôle, celle qui est juste à sa place et fait partie intégrante de soi.

Nombreuses sont ces femmes douces, sensibles et plutôt portées à l'introversion qui gardent ces trésors enfouis en elles. Nombreuses sont celles qui ressentent si subtilement les choses, au-delà de ce qui est exprimé, mais qui malheureusement n'en ont pas conscience, jusqu'au jour où cela a lieu dans l'espace clos de mon cabinet. Celles qui sont parvenues à entendre ce petit chant peuvent donner le jour à tout cela comme artistes ou poètes, car elles ont laissé parler leur intuition.

Dans la mythologie, ce fut Cassandre qui posséda le don d'être prophète. Elle fut considérée comme frappée de folie quand elle prédit l'événement du cheval de Troie, un cheval de bois où l'on cacherait les Grecs pour prendre la ville par surprise. Et pourtant…

On se souvient de Jeanne d'Arc, la visionnaire, perçue comme une sorcière et on connaît son sort…

Il y a bien longtemps aussi, c'était la femme prêtresse, la sibylle, choisie dès son enfance, qui représentait le pilier de la cité, comme à Delphes où on venait la consulter pour sa sagesse ; celle que Michel-Ange représenta sur le plafond de la chapelle Sixtine, avant que le pouvoir des valeurs patriarcales ne lui vole le sien.

Savoir dire merci

Développer ce sentiment de gratitude face à tout ce qui nous entoure. Dire merci à la nature, à notre corps qui nous porte plus ou moins, dire simplement merci à la vie. Réaliser tous les cadeaux que cela représente : les arbres, la lumière, les êtres que nous rencontrons ou que nous avons rencontrés. Merci de marcher, de respirer, du regard croisé aujourd'hui, merci de la neige, de la mer, du ciel.

Cela permet de dépasser cet état de désenchantement et d'indifférence qui nous écarte de toutes ces petites grâces du quotidien pour éviter que ne s'installe la lassitude. Cela permet aussi de rester ouvert et réceptif à chaque instant qui passe.

Et puis trouver un sens à sa vie…

> *« Celui qui a un pourquoi-vivre supporte presque n'importe quel comment-vivre »* (Nietzsche).

Tout être humain porté par le flux de la vie éprouve l'essentiel besoin de se réaliser, de créer, de s'accomplir pour se sentir bien vivant. Faute de quoi les parties de soi qui ont été barrées dans cet élan feront mal tôt ou tard.

Ce fut le cas de Sarah Bernhardt, cette femme qui inspira et inspire encore la propre créativité d'une autre femme, ma mère, qui se penche depuis plusieurs années sur la vie si passionnée et passionnante de cette actrice dans l'élaboration d'un ouvrage qui n'est pas encore achevé. J'éprouve une immense reconnaissance envers celle qui m'a mise au monde de m'avoir « légué » ce si beau cadeau, cet amour de l'écriture… Car c'est bien d'elle que je le tiens.

> *Sarah, parmi tant d'autres, trouva sa voie malgré les nombreuses embûches que ses années d'enfance lui firent rencontrer, née d'une mère qui la détesta dès sa venue au monde et qu'elle dérangea sans cesse, et d'un père qui prit la fuite aussitôt sans la reconnaître. La petite fille et plus tard la femme idéalisa dans ses mémoires cet homme qu'elle se représentait en officier de marine pourvu de toutes les qualités. C'est sa jeune sœur qui attira au contraire la tendresse de sa mère. Détestée, humiliée, la petite Sarah que sa mère appelait sa « guenon », qualifiée aussi de « maigre à faire pleurer les oies » et à la « tignasse impossible », fut mise au couvent où elle fut prise d'élan mystique vers dix-onze ans et se prit d'adoration pour la mère supérieure.*
>
> *C'est plus tard dans le théâtre qu'elle put revivre sa spiritualité. Maurice Rostand dit d'elle qu'elle est entrée au théâtre comme on entre en religion : « Je me suis vouée au théâtre comme je m'étais vouée à Dieu. »*

Ce rêve d'une fusion impossible à sa mère elle put le trouver dans son art qui lui permit de dépasser ce sentiment de non-valeur et de rejet qui l'avaient envahie, malgré les railleries qui continuaient à affluer sur elle de la part de sa famille : « Pourquoi t'obstines-tu à faire du théâtre ? » lui demandait son parrain. « Tu es maigre, petite… Ta figure, assez gentille de près, est laide de loin. Ta voix ne porte pas… »
Et c'est malgré tout cela que la petite fille qui ne savait ni lire, ni compter, ni écrire à sept ans, devint celle que l'on sait, en plus de ses dons d'écrivain (livres de théâtre, romans) qu'elle put mettre à jour avec sa grande sensibilité artistique ; cette sensibilité qu'elle avait choisie de ressourcer au sein de la nature à Belle-Île-en-Mer face à l'océan qu'elle chérissait : « J'y puise, disait-elle, sous son ciel vivifiant et reposant de nouvelles forces artistiques… »

Dans nos sociétés inondées de biens matériels, nous sommes nombreux et nombreuses à être en état d'errance, à la recherche de l'essentiel, en contraste avec d'autres pays au contraire totalement dépouillés qui vivent dans la plus grand dénuement matériel. Chez nous, il est tout particulièrement difficile de trouver un sens à sa vie. On entend souvent que « la dépression est le mal du siècle » car elle représente justement cette quête de plus en plus difficilement accessible dans notre monde de production, qui en étouffe tout germe.

Certains êtres sont aguerris aux violences du sort, et s'ils en gardent les traces celles-ci deviennent alors un tremplin, un ressort. À la différence d'autres qui sans direction, sans but dans leur existence, ne vivent pas mais se limitent simplement à exister.

C'est le psychiatre Victor Frankl qui, après avoir séjourné trois ans dans quatre camps de la mort successifs, a remarqué que les prisonniers les plus frêles et les plus âgés avaient pu supporter les horreurs que l'on sait et résister à la mort plus facilement que certains autres, plus jeunes et de meilleure santé. Les premiers avaient pu trouver dans ces conditions insupportables un sens, une raison d'exister, un engagement dans une voix positive, qui allait bien au-delà de ce qu'il vivait dans cette infernale réalité. Cela leur avait permis de transcender la souffrance et le mal.

Il se pencha sur ce besoin fondamental qui nous habite tous, celui de donner un sens à sa vie, et parvint même à faire de l'horreur des camps un extraordinaire outil de transformation. « L'important, dit-il, n'était pas ce que nous attendions de la vie, mais ce que la vie attendait de nous[30]. »

Au travers de ses ouvrages et la création de son propre courant psychothérapeutique, la logothérapie, il n'a cessé de mettre en lumière cette capacité de liberté intérieure que possède chaque être humain, celle de choisir, celle de « prendre la responsabilité de trouver la juste réponse au problème que la vie pose », car « l'homme décide en permanence de ce que sera son existence » et il a ainsi la possibilité de la façonner lui-même à chaque instant. Nulle situation qui se présente à nous dans l'existence n'est

30. Victor Frankl, *Découvrir un sens à sa vie, op. cit.*

semblable et ne peut se répéter, si bien qu'à chaque fois elle exige une réponse et un choix uniques de notre part.

Ainsi dans les camps, « le type de personne que le prisonnier devenait n'était pas seulement le résultat des influences du camp, mais également le résultat de sa décision intérieure ». Il parle ainsi de ceux qui décidaient un beau matin de ne plus quitter leur paille souillée d'excréments, refusant de se lever pour les travaux de force qui les attendaient. À cet instant, dit-il, on savait « que la recherche du sens de la vie avait cédé la place à celle du plaisir immédiat ». C'est l'instant qui prenait alors toute la place, comme pour celui qui s'installait dans le renoncement, extrayait de sa poche la cigarette qu'il y avait cachée et l'allumait. « Dès cet instant nous savions qu'il allait se laisser mourir et que cela ne prendrait pas plus que quarante-huit heures. »

De même parle-t-il de cet accroissement de la mortalité qui eut lieu entre Noël 1944 et la nouvelle année 1945. Elle n'était pas due à des conditions de travail plus difficiles que d'ordinaire à l'intérieur des camps, ni à la présence d'un hiver plus rigoureux, mais tout simplement à une chute brutale de l'espoir chez tous ceux qui avaient si ardemment cru rentrer chez eux pour cette période. Et plus la date approchait, plus la perte de courage augmentait avec toute l'influence que cela pouvait avoir sur les capacités de résistance physique dans ces circonstances particulièrement atroces.

Au travers de tout ceci, on retrouve une évidente ressemblance avec la résilience, cette notion dont on parle beaucoup actuellement, cette capacité à rebondir devant les pires obstacles que la vie nous présente ou nous a présentés.

Un projet, si petit semble-t-il, peut de lui-même donner à la vie le sens qu'on lui cherche. Alors le désir revient, qu'il s'agisse de planter une fleur dans son jardin, de lui parler, de pétrir la pâte pour confectionner un gâteau, ou lire dans la plus grande paix. Projeter quelque chose de si simple pourra peut-être paraître anodin aux regards extérieurs, mais peu importe car c'est le projet qui fait vivre. C'est lui qui permet, et dans un premier temps uniquement dans les sphères de nos pensées, de s'ouvrir à un air neuf qui entretient l'énergie vivante de l'existence.

Ainsi peut-on se réaliser en amour, dans la solitude, dans l'art, dans la science comme Marie Curie, au service d'une cause collective et dans la lutte comme Jeanne d'Arc ou Rosa Luxembourg pour ne citer qu'elles, ou encore dans la voie mystique.

« Aimer l'humanité est plus grand qu'aimer un seul être. Car lorsque nous nous contentons d'aimer une seule personne, c'est en réalité vers nous-mêmes que se tourne cet amour[31]. »

---

31. Etty Hillesum, *Une vie bouleversée*, Seuil, 1985.

Conclusion
La femme est un cristal aux mille facettes

Développer ses richesses n'est pas chose aisée à l'heure actuelle pour la femme dans une société qui a tendance à reconnaître difficilement, face à sa peur de l'échec, que la force de la féminité réside dans l'acceptation de sa fragilité. Celle-ci est commune à tout être humain mais la femme sait l'assumer pleinement, elle qui possède la capacité de la gérer, par les inévitables transformations et réaménagements que la vie impose à son corps. Elle se révèle capable de se laisser aller dans les phases de désarroi et de se tourner, à l'image de son organe sexuel, vers l'intériorité car elle souhaite comprendre ses émotions et ses ressentis et s'ouvre à la réceptivité.

Nous possédons en nous un plein de ressources, mais la société nous en demande encore plus, nous pressant d'être une bonne compagne, une mère parfaite et une professionnelle de qualité, tout ceci dans un corps de rêve. Alors comment s'étonner qu'un beau jour nous chutions dans le désespoir, avec toute la culpabilité que cela génère ?

Pourtant, tel l'univers, la femme fait partie d'un tout, comme le cercle qui la symbolise est là pour inclure. Cela passe par tout son être mais aussi par la société qui, pendant longtemps, s'est formée sur le modèle du cercle, du vase ou du calice, et non pas sur celui de l'épée, comme en témoignent de récentes fouilles archéologiques dont parle Riane Eisler[1]. Ces fouilles illustraient bien le modèle du lien, de l'association, du « pouvoir avec » et non celui de la domination, du « pouvoir sur », dit-elle.

Au cours du processus d'évolution de l'humanité, il a existé des sociétés basées sur l'association où hommes et femmes partageaient le quotidien et la spiritualité. Et l'histoire nous en a fourni bien des preuves. Aujourd'hui, il semble que ce soit à nouveau ce modèle de l'épée qui nous enjoint de nous incliner devant la domination, la cupidité, et le pouvoir de l'argent, au mépris des images féminines touchant à la générosité et à l'équilibre. Dans un semblable élan, la terre est détruite et pillée, du pétrole se déverse sur les plages et leurs oiseaux et empoisonne les arbres. Mais commence à émerger tout un courant, celui du principe féminin, qui porte un regard neuf et écologique sur la nature.

Notre époque a besoin du souffle de la féminité pour retrouver cette tendresse que la terre mère réclame à grands cris pour ne plus souffrir. Comme elle, nous avons à nous porter respect en reliant nos différentes facettes ; de la suffragette à la mère aimante telle Marie, la putain, la douce

1. Riane Eisler, « Le calice et l'épée », cité dans Maureen Muurdock, *Le Parcours de l'héroïne ou la féminité retrouvée*, Dangles, 1993.

épouse, la femme fatale, la muse inspiratrice, la révolutionnaire ou l'initiatrice, etc. Semblable au cristal, cet embryon né de la terre, du roc, la femme possède mille facettes dont la transparence « représente le plan intermédiaire entre le visible et l'invisible[2] » tout comme elle symbolise l'union des contraires.

Toutes les couleurs qu'elle possède font penser au kaléidoscope de mon enfance, ce tube cylindrique, jouet des rois dit-on, où étaient disposés des fragments de verre de coloris multiples et des miroirs qui donnaient naissance à des images changeantes, pouvant varier à l'infini, quand on le faisait tourner. Il est à l'image de la vie de chaque femme qui peut inventer celle-ci et en créer sans cesse chaque mouvement.

C'est en formant une grande ronde toutes ensemble et en nous tenant par la main que l'on pourra entrer dans la vaste danse de la vie ; en se laissant aller aux rythmes lents, rapides, intempestifs, fougueux ou doux, arrondis ou saccadés ; en laissant venir tour à tour et entrer dans le cercle Hestia la sage, Déméter la mère qui souffre de voir sa terre meurtrie, ou Artémis la guerrière ; en étant à la fois la sainte ou la sorcière, la petite fille triste ou joyeuse de l'enfance, Isadora Duncan ivre de mouvement ou la jeune fille sans mains, et Perséphone, quand la vie nous demande d'aller au plus profond de nous-mêmes.

Et puis, laissons aussi l'ombre de nos aïeules nous frôler parfois, avec leurs peines et leurs bonheurs traversés et surtout la force qui les a sans doute habitées.

---

2. Jean Chevalier, Alain Geerbrant, *Dictionnaire des symboles*, *op. cit.*

Bien sûr, peut-être y aura-t-il encore des moments de lassitude ou de plus grand désespoir. Bien sûr, les saisons se succéderont, faisant la part plus belle à l'hiver et à sa descente dans le froid, et nous laissant prises de terreur devant ce qui se passe et avec l'inquiétante sensation « que l'on ne s'en sortira jamais ». Mais grâce à ce passage, l'accueil du renouveau et du printemps se fera plus facilement, sans la peur du changement qu'il engendre et avec davantage de confiance. Et c'est durant l'été que l'on mettra en forme et fera mûrir ce qui se cachait. Comme Rosalie qui, après plusieurs mois de désespoir, put accoucher de ses peintures et les exposer.

Tout cela, ce sont les femmes que j'ai aidées à « passer sur l'autre rive » qui me l'ont appris. Et ma propre existence aussi.

Nous possédons tant de force de vie que nous serons toujours capables, avec de la patience, de transmuter la douleur en perle, loin des diagnostics médicaux qui nous réduisent et augmentent en nous la peur d'être différentes des autres, et notre solitude.

Se remettre entre les mains de la nature permettra, quand on est en morceaux et que le désespoir fait surface, de se reconstruire. Ainsi que la présence d'un psychothérapeute qui pourra offrir son écoute tendre et accueillante et apaiser la blessure.

C'est ainsi que tout doucement l'on retrouvera le goût de courir comme dans l'enfance, libre des sensations, en adressant un coup d'œil complice et plein de gratitude à toutes celles qui nous ont précédées et qui ont essayé, chacune à leur manière, de laisser surgir leur nature instinctive. Car toute femme est une éveilleuse.

C'est ainsi que l'on posera sur les autres femmes le même regard que celui que nous posons sur nous dans une douce complicité, celle que l'on peut avoir entre sœurs.

Il deviendra alors possible aussi de rejoindre l'homme, celui qui sent vibrer en lui cette part féminine, celui qui se montre à la fois stable, solide, aimant et plein de chaleur et de tendresse, qui aime prendre les plaisirs de l'instant en laissant lui aussi libre cours à sa créativité et à ses véritables rythmes intérieurs.

C'est ainsi qu'avec détermination, patience et douceur, nous irons après l'orage et les larmes vers l'embellie et la lumineuse et réchauffante clarté du soleil.

Table

Introduction : *Miracle en Alabama* 9

Première partie : Qui sommes-nous ?

Au cours des siècles 23
Toute une vie 29
Tisseuses de lien 57
Femmes symboliques 79

Deuxième partie : La femme endormie

Quand la femme est prise dans les glaces 93
Les multiples couleurs de la mise en cage 107

Troisième partie : Et voici l'éveil

Les saisons de la gestation 159
La saison de l'embellie 177

Conclusion : La femme est un cristal aux mille facettes 235

Pour être informé des publications
des Éditions Desclée de Brouwer
et recevoir notre catalogue, envoyez vos coordonnées à :

Éditions Desclée de Brouwer
2, Passage de la Boule-Blanche
75012 Paris

Nom : . . . .
Prénom : . . . .
Adresse : . . . .
. . . .
Code postal : . . . .
Ville : . . . .
E-mail : . . . .
Téléphone : . . . .
Fax : . . . .

Je souhaite être informé(e) des publications
des Éditions Desclée de Brouwer

Achevé d'imprimer par Corlet, Imprimeur, S.A. - 14110 Condé-sur-Noireau
N° d'Imprimeur : 109727 - Dépôt légal : février 2008 - *Imprimé en France*